Steg/Jesinghaus (Hg.) Frauenpolitik in der Kommune

Fotos:
Uschi Dresing (S. 31, 57, 72, 89, 115)
Anne Lax (S. 9, 63, 81)
Hermine Oberück (S. 21, 38, 51, 103, 136, 142, 147)
Petra Rau (S. 123)

Bielefeld 1987
ISBN 3-921680-61-1

Satz: satzbau Bielefeld

Druck und Vertrieb:
AJZ Druck & Verlag GmbH
Heeper Str. 132
4800 Bielefeld 1

Titelentwurf:
Elke Steg, Inga Jesinghaus,
Angelika Eggemann
unter Verwendung eines
Bildes von Sylvia Wilkems

Elke Steg
Inga Jesinghaus (Hg.)

DIE ZUKUNFT DER STADT IST WEIBLICH

Frauenpolitik in der Kommune

AJZ

Inhalt

Vorwort 4

Gleichstellungsstellen – Chance oder Alibi?

Regula Bott
Erlaubt ist, was Männer nicht gefährdet
Eine kritische Bewertung der Funktion von Gleichstellungsstellen 10

Carola Schewe
Abgeschoben, abgewertet, abgebügelt
Über das Schicksal von Gleichstellungsstellen im Kreis Aachen 19

Helga Krieger
Grüne Lok vor SPD-Bummelzug!?
Überlegungen zum politischen Umgang mit Gleichstellungsstellen 22

Quotierung – Die Voraussetzung für Chancengleichheit

Gisela Lommer
Wir wollen nur, was uns zusteht
Quotierung ist mehr als Frauenförderung 32

AK Wissenschaftlerinnen NRW
Quotierung – ein verfassungswidriger Frauenvorteil? 39

Inga Jesinghaus / Elke Steg
Die Frauenquote, die Männerquote und das Grundgesetz – ein Kommentar 43

Helga Krieger
Wir warten nicht auf bessere Zeiten
Quotierung im öffentlichen Dienst – das Beispiel Bielefeld 45

Interview mit Helga Krieger
Den Frauen die Chance geben und die Wahl lassen 52

Alice Klinke / Karin Griechen-Hepp
»Ein bißchen Quotierung« gibt es nicht
Auch bei den Grün-Alternativen treibt die Quotierungsdiskussion seltsame Blüten – das Beispiel Essen 58

Privatisierung und Rekommunalisierung der städtischen Putz- und Reinigungsdienste

Inga Jesinghaus / Elke Steg
Putz und Schmutz
Die Kommune spart auf Kosten von Frauen 64

Barbara Schneider
Einer Ideologie den Zahn ziehen
Privatisierung – Hintergründe und Auswirkungen 67

Barbara Schneider / Gisela Lommer / Gundi Haep
Steine in den Weg legen
Erfahrungen mit Rekommunalisierungsanträgen aus Mainz, Bielefeld und Köln 73

Nachttaxi für Frauen – Eine Idee rollt an

Doris Kuhlmann / Elke Steg
Nachttaxi für Frauen oder Ausgangsverbot für Männer?
Eine kontroverse Diskussion um Sinn und Zweck des Nachttaxis 82

Bettina Markmeyer / Elke Steg
Die Geschichte des Nachttaxis ist jung und bewegt
Erfahrungen aus verschiedenen Städten 87

Susanne Maurer
Das Nachttaxi in den Mühlen der Verwaltung
Wie in Tübingen aus einer feministischen Forderung
ein Nahverkehrssanierungskonzept gemacht wurde 90

Doris Kuhlmann / Elke Steg
Ein Modellversuch macht Schlagzeilen
Eine Chronologie der Bielefelder Nachttaxi-Ereignisse 93

Stadtstrukturen sind Herrschaftsstrukturen – Zur Ignorierung von Frauen in Stadtforschung und Stadtplanung

Maria Spitthöver
Frauen werden verplant 104

Maria Spitthöver
Dem alltäglichen Geschehen seine Alltäglichkeit nehmen
Zur Beanspruchung öffentlich städtischer Freiflächen durch Frauen 105

Petra Rau
Stadtplaner sind autofahrende Männer
Die Gewalt der Stadt gegen Frauen am Beispiel Verkehr 116

Petra Rau
Renate K. am Arbeitsplatz Straße
Ein Stück Frauenalltag 122

Ulla Terlinden
Wenn Frauen eine Wohnung suchen
Chancen von Frauen auf dem Wohnungsmarkt 125

Möglichkeiten und Grenzen kommunaler Frauenpolitik – Drei Frauen berichten

Helga Krieger
Mit Parlamentsanträgen wird das Patriarchat nicht abgeschafft . 132

Karin Griechen-Hepp
Keine Chance für Frauenpolitik? 137

Conny Jürgens
Frauen Macht Politik 143

Vorwort

Die Zukunft der Stadt ist weiblich – eine Vorstellung, die mehr oder weniger utopisch ist?! Daran zu arbeiten, frauengerechte Lebensbedingungen zu schaffen, ist eine mühselige Arbeit und erfordert viel Engagement von und für Frauen. Nicht nur auf der bundespolitischen Ebene (an die Frau wohl meist zuerst denkt, wenn das Stichwort Frauenpolitik fällt), sondern gerade dort, wo Mißstände hautnah und unmittelbar für Frauen spürbar werden – eben in der Kommune, in der Stadt, in der Gemeinde, in der wir leben.

Die Relevanz der politischen Betätigung von Frauen in der Gemeinde haben sicher nicht erst die Grün-Alternativen entdeckt. Doch mit der Etablierung ihrer parlamentarischen Arbeit vergrößerte sich nicht nur der Anteil von Frauen in diesem Bereich wesentlich, sondern sie mußten auch vermehrt als Sachverständige in unterschiedlichen Bereichen der Kommunalpolitik wahrgenommen werden. Frauen wissen inzwischen aus eigener Erfahrung, daß dieses Engagement tatsächlich greifbar nahe und direkt ist, denn: die politischen Entscheidungen zeigen ihre Wirkungen an dem Ort, wo sie selbst wohnen. Es geht um Mißstände, die sie oder Bekannte persönlich betreffen – hier fehlen Arbeitsplätze, hier sind Verkehrsverbindungen schlecht, hier gibt es nicht genügend Kindergartenplätze, hier wird kaputtsaniert und zubetoniert, hier werden Frauen in menschenleeren Geschäftsvierteln und Tunnels belästigt und vergewaltigt (allerdings nicht nur dort).

Eine „gewisse Wachheit und Hellhörigkeit" wird Frauen schon lange bestätigt, zumindest, „wenn es um Fragen geht, die sie selbst, ihre Familie, die Nachbarschaft und Gemeinde betreffen."(1) Und vor der „größeren Betroffenheit" von Frauen bei kommunalen Entscheidungen als Ausgangspunkt zur eigenen politischen Betätigung verschließen sogar CDU-Politikerinnen nicht mehr die Augen,(2) allerdings ohne dabei aus der Zementierung der traditionellen weiblichen Rolle auszubrechen.

So hat erst die zu Beginn der siebziger Jahre entstandene neue Frauenbewegung das vorhandene Expertinnentum in der Gemeinde mit anderen Inhalten gefüllt und z.T. andere Organisationsformen- und Umgangsformen entwickelt. Die seither gebildeten Frauengruppen, -initiativen, -projekte und -einrichtungen z.B. im Sozial-, Kultur-, Wissenschafts- und Gesundheitsbereich sind deutlicher Ausdruck der politischen Arbeit von Frauen am Ort.

Die Veränderung, die das bis dahin außerparlamentarische frauenpolitische Wirken durch den Einzug der Grünen in den Bundestag und durch die Etablierung der grün-alternativen Bewegung in dem Rathäusern erfahren hat, ist in der konkreten politischen Arbeit weiterhin wirksam: ‚Autonomie' oder ‚Parlamentarismus' – diese Begriffe kennzeichnen verkürzt einen Klärungsprozeß, wobei sich ein Teil der Frauen bei dieser Partei engagiert, um den frauenpolitischen Sichtweisen und den daraus resultierenden Forderungen in der jeweiligen Stadt zu mehr Öffentlichkeit zu verhelfen. Die weiterhin parteiunabhängig arbeitenden Frauen sind dagegen der Überzeugung, daß sich patriarchale Strukturen auch in der grün-alternativen Partei reproduzieren und zwangsläufig die frauenpolitische Arbeit zurückdrängen.

Diese unterschiedlichen politischen Grundorientierungen erzeugen oft gegenseitiges Mißtrauen und Unverständnis, führen mancherorts zu Konflikten über die unterschiedlichen Möglichkeiten und Wege, die eigenen Vorstellungen politisch durchzusetzen. Aber trotz der viel beschworenen Berührungsängste zwischen autonomen und Partei-Frauen, bietet grün-alternative Frauenpolitik in der Kommunalarbeit wichtige Chancen und Ansatzpunkte einer konkreten Zusammenarbeit, einer gegenseitigen Unterstützung und Bereicherung. Denn – ein geschlossenes und koordiniertes Vorgehen, ein breites Frauenbündnis ist viel eher in der Lage, gemeinsamen Zielen und Forderungen Nachdruck zu verleihen und die politischen Entscheidungen zu beeinflussen.

Konfliktlinien laufen aber nicht nur zwischen der autonomen und der Partei-Ebene, denn die Frauen, die sich entschlossen haben, bei den Grün-Alternativen mitzuarbeiten, haben eben auch ganz unterschiedliche politische Biographien, haben unterschiedliche Motivationen und Ziele. Viele Frauen sind nicht aus primär frauenpolitischem Interesse zu den Grünen gekommen, sondern eher über die sogenannten Sachthemen wie: Umwelt, Frieden, Soziales, Kultur. Für andere Frauen stellt die relativ große Bereitschaft grün-alternativer Gruppen, auf Forderungen der autonomen Frauenbewegung einzugehen und sich (zumindest verbal) damit auseinanderzusetzen, einen Grund für die Entscheidung dar, sich auf die Partei- und Parlamentsebene einzulassen. Sie wollen dieses Terrain nutzen, um patriarchalische Macht- und Herrschaftsverhältnisse als strukturelle Ursache für Frauenbenachteiligung und -diskriminierung öffentlich zu thematisieren. Sie wollen neue Wege erproben, diese Unterdrückungsmechanismen zu entlarven und ihnen gezielt entgegen zu wirken.

Gemeinsam ist allen grün-alternativen Frauen jedoch eines: Ihr Eindringen in einen von Männern dominierten Bereich, ihr Einbruch in die Politik. Durchschnittlich wurden nur rund 15% der bei den Kommunalwahlen vergebenen Mandate an Frauen vergeben. Nach der Parteizugehörigkeit sind sie bei den Grün-Alternativen mit 29% bei der Mandatsträgerschaft an stärksten vertreten. Damit sind die Grün-Alternativen zwar selbst noch weit entfernt von der Verwirklichung der eigenen Geschlechterparitätsvorstellung, aber den anderen Parteien immerhin weit voraus.(3) Der Einbruch in die Politik bedeutet aber auch, daß diese Frauen sich in patriarchalisch geprägte Strukturen begeben und mit ihnen umzugehen gezwungen sind. Daraus ergeben sich nicht nur persönliche Konflikte sondern auch politische. Um den Stellenwert von Frauenpolitik wird bei den Grün-Alternativen seit einiger Zeit gerungen.

Allzu häufig wird Frauenpolitik noch als separates Politikfeld begriffen. Doch die Frauenbewegung hat von Anfang an deutlich gemacht, daß die Einbeziehung frauenspezifischer Problemlagen und Sichtweisen in sämtliche Aspekte (kommunaler) Politik unerläßlich ist, um die strukturelle Bedingtheit der Diskriminierung von Frauen deutlich zu machen. Es geht nicht um ein Nebeneinander von z.B. ‚allgemeiner' Stadtplanungspolitik (die die Bedrohung für Frauen durch unübersichtliche Wohnsilos, fehlende Notrufsäulen, dunkle U-Bahnschächte, usw. unberücksichtigt läßt) und ‚besonderer' Frauenpolitik (die am Ende der Haushaltsdebatte im Stadtrat die Finanzierung von Nacht-Taxis fordern darf). Vielmehr ist eine integrative Verschränkung anzustreben, denn ein ökonomischer und ökologischer Umbau einer Gesellschaft (einer Stadt), der wiederum maßgeblich durch Männerinteressen und Männerhand vollzogen wird, bringt Frauen auf ihrem Weg zur Gleichberechtigung kaum einen Schritt weiter.

Das Patriarchat wird zwar von Männern repräsentiert, deren konkrete Handlungsweisen immer wieder anzuprangern sind. Trotzdem steht bei dem Kampf gegen die Diskriminierung von Frauen nicht der einzelne Mann im Vordergrund. Unser Ziel muß es sein, die männlichen Machtpositionen nach Struktur und Inhalt zugunsten von Frauen zu brechen. Sie sollen die gesellschaftlichen Systeme (z.B. Industrie, Universitäten, politische Gremien usw.) zu gleichen Anteilen wie Männer mitgestalten und prägen können und dafür Geld, Einfluß und Ansehen erhalten (Quotierungsforderung). Darin liegt die Chance, weibliches Verhalten/Weiblichkeit eigenständig zu definieren und insofern andere gesellschaftliche Werte zu praktizieren.

Erster Ansatzpunkt ist natürlich auch hier die Kommune. Das politische Alltagsgeschäft, der tägliche Kleinkrieg mit der Verwaltung, mit den anderen Parteien und auch mit den eigenen Parteikolleg/inn/en, führt aber nicht selten dazu, daß Frauen den großen Entwurf, das wofür sie sich einsetzen wollten, aus den Augen verlieren. Die längerfristige Perspektive geht immer mal wieder durch den Zwang zur ‚Politik der kleinen Schritte' verloren. Zusammenhänge werden schwerer vermittelbar. Ziel dieses Buches ist es, dennoch einmal zusammenzustellen, was Frauen in ihrem Bestreben, der Diskriminierung von Frauen auf parlamentarischem Wege entgegenzuwirken, bereits bewegt haben, welche Erfolge (erscheinen sie noch so ‚popelig') erzielt wurden.

Damit soll nicht unterstellt werden, daß Frauenpolitik ausschließlich oder im wesentlichen im Parlament gemacht wird. Frauenpolitik bezieht selbstverständlich immer zwei Ebenen mit ein – die politische Arbeit in Fraueninitiativen und die parlamentarische Arbeit.

Wir haben uns in diesem Buch dennoch auf parlamentarische Themen beschränkt. Das liegt darin begründet, daß die Arbeit der zahlreichen Initiativen vor Ort so vielschichtig ist, daß es kaum gelingt, eine zusammenfassende Fragestellung zu entwickeln. Auch eine exemplarische Darstellung einiger ausgewählter Initiativen schien uns aufgrund der vielfältigen Formen der politischen Arbeit von Fraueninitiativen eher verkürzend. Da wir ein ursprüngliches geplantes Kapitel zu Fraueninitiativen nicht zu einem Alibikapitel verkommen lassen wollten, haben wir uns entschieden, diesen Bereich ganz auszuklammern.

Was soll und kann dieses Buch leisten, welche Frauen wollen wir damit ansprechen?

Wer in einen (alternativen) Buchladen kommt, wird schnell feststellen, daß das Thema ‚Frauen' Hochkonjunktur hat. Warum dann also ein weiteres auf den Markt werfen? Unseres Wissens gibt es noch kein Buch, das speziell die Kommune als Handlungsfeld für frauenpolitische Aktivitäten beschreibt. Wir meinen, daß gerade ein solches Buch für verschiedene Frauen in ihrer politischen Arbeit hilfreich sein kann.

Dieses Buch soll sich einerseits an Frauen, die im Rahmen ihrer Rats- und Parteitätigkeit mit Frauenpolitik zu tun haben, wenden. Gerade für diese Frauen dürfte eine kompakte Darstellung frauenpolitischer Aktivitäten, die u.a. auch die Kontroversen und Konfliktlinien beleuchtet, von großem Interesse sein.

Andererseits soll es Frauen ansprechen, die ein eher unspezifisches Interesse an Frauenthemen haben und einen Einstieg in die frauenpolitische Arbeit und Diskussion suchen.

Die einzelnen Kapitel sollen mehrere Funktionen erfüllen: grundsätzliche Informationen, also eine Einführung in das Thema geben, den gegenwärtigen Stand der Diskussion widerspiegeln und (sofern möglich) Perspektiven aufzeigen und zu weiterführenden Auseinandersetzungen anregen.

Es muß noch betont werden, daß die Auswahl der Themen keinesfalls Anspruch auf Vollständigkeit erhebt. Es gibt ein breites Spektrum an kommunalpolitisch interessanten Frauenthemen, wie z.B. Ausländerinnen, Prostitution, städtische Kinderbetreuung, Gen- und Reproduktionstechnologien etc., die hier nicht behandelt werden können. Die Themen dieses Buches wurden zum Teil unter dem Aspekt der Aktualität ausgewählt. Ausschlaggebend war jedoch, daß in den behandelten Politikbereichen bereits einschlägige Erfahrungen vorliegen, die eine zusammenfassende, auswertende und anwendungsorientierte Darstellung ermöglichen.

Gerade deshalb hoffen wir, daß dieses Buch, als eine Art Arbeitsbuch, vielen Frauen hilfreich sein wird. Hilfreich sowohl durch die komprimierte Darstellung der Themenbereiche als auch durch praxisrelevante Materialien (Anträge, Reden).

Nachdem wir uns nicht – auch in diesem Buch nicht – im politischen Alltagsgeschäft verlieren wollen, werden im Schlußkapitel nochmals grundsätzliche Fragen zu den Möglichkeiten und Grenzen kommunaler Frauenpolitik diskutiert. Hier kommen drei Frauen mit Ratserfahrung zu Wort, die über ihre persönlichen Erfahrungen, Konsequenzen und Perspektiven berichten.

Zum Schluß ein herzliches Dankeschön an die Autorinnen und die Frauen, die uns mit solidarischer Kritik unterstützt haben. Es ist ihr Verdienst, daß dieses Buch lebendig und praxisnah geworden ist, quasi aus dem „kommunalpolitischen Leben gegriffen“.

Karin Griechen-Hepp
Inga Jesinghaus
Elke Steg

Anmerkungen

(1) Charlotte Ziegler: „Frauen und Politik“ in: Hessische Blätter für Volksbildung (Frankfurt/Main) 1958, S. 288

(2) Renate Hellwig: Frauen verändern die Politik. Eine gesellschaftspolitische Streitschrift, Bonn 1975, S. 61f.

(3) in: TAZ, vom 30.7.1986

Gleichstellungsstellen – Chance oder Alibi?

Regula Bott

Erlaubt ist, was Männer nicht gefährdet

Eine kritische Bewertung der Funktion von Gleichstellungsstellen

Anfang 1982 habe ich erstmals, ein Vierteljahr nach meinem Ausscheiden aus der Hamburger „Leitstelle Gleichstellung der Frau", auf dem Hintergrund meiner Erfahrungen in dieser Einrichtung über meine Einschätzung der Funktion solcher Stellen berichtet. Ich möchte den damaligen Artikel in der Alternativen Kommunalpolitik (AKP, Jan./Febr.82) ungekürzt einleitend wiedergeben und danach darstellen und begründen, was und warum ich heute mit mehr persönlichem und politischem Abstand anders bewerte. Die kurze Darstellung über die Entstehung von Gleichstellungs- oder Frauenbeauftragten-Stellen halte ich heute deshalb noch für brauchbar, weil sich dadurch das scheinbar so Neue an diesen Stellen — zur Zeit schießen sie ja wie Pilze aus dem Boden — etwas relativiert. Und weil dadurch auch deutlich wird, wie sehr die Frauenbewegung als ursprünglich außerparlamentarische Kraft inzwischen auf staatliche Regelungsmechanismen zurückgreift bzw. staatsorientierte Strategien entwickelt und übernimmt.

Zu meiner Person ist vorab wohl von Interesse, daß ich fünfzehn Jahre lang Mitglied der SPD war, im wesentlichen aktiv bei den Jusos und bei der ASF. Mit viel Engagement und Optimismus (und Naivität) begann ich 1979, als die Stelle neu in Hamburg eingerichtet wurde, in der Hamburger Gleichstellungsstelle zu arbeiten. Der Alltagsfrust in der Behörde — als Frau und für Frauenfragen zuständig — war noch ganz gut zu ertragen, das gehörte nicht nur zum erwarteten Geschäft, sondern war auch eine Herausforderung; teilweise machte es sogar Spaß, den gestandenen Behörden-Mackern die eigene — bessere — Kompetenz und das „es geht doch" zu beweisen.

Ernsthafte Zweifel über den Sinn und die politische Funktion entstanden bei mir über die konkrete Erfahrung und Hinterfragung der Eingebundenheit in den Staatsapparat; im Verhältnis und in der Auseinandersetzung mit der autonomen Frauenbewegung, die nach anfänglicher Skepsis und Kritik der Gleichstellungsstelle gegenüber zunehmend offener und kooperationsbereiter wurde. Integration der Frauenbewegung, das Problem war mir vorher bewußt, als Ziel lehnte ich es ab, aber beteiligte ich mich nicht kräftig daran? Mein guter Wille allein, es nicht zu wollen, konnte nicht reichen.

Meine Hoffnungen, die ich als gestandene Juso-Frau auf den „Marsch in die Institutionen" gesetzt hatte, wurden bald getrübt und schließlich ganz enttäuscht. Ich gab Partei- und Behördenjob auf. Meine Kritik galt dabei nicht allein der Gleichstellungsstelle, sondern generell der Regierungs- und Staatsfi-

xiertheit meiner linken Genoss(inn)en. Ich empfand zunehmend, daß auch für die SPD-Linke die Funktionalisierung von gesellschaftlichen Bewegungen für parlamtarische SPD-Mehrheiten im Vordergrund stand und kein ernsthaftes Bemühen erkennbar war, selbst wieder Ausdruck oder relevanter Teil gesellschaftlicher Bewegungen zu sein oder zu werden. In der Frauenpolitik war und ist die Einrichtung von Gleichstellungsstellen Ausdruck dieser auf staatliche Regulierung orientierten Politik, die einen ambivalenten Charakter hat: einerseits ist sie ein Ergebnis von sozialem und gesellschaftlichem Druck, gleichzeitig hat sie aber fraglos auch die Funktion, diesen Druck aufzufangen und zu kanalisieren, Integrierbares zu integrieren, um den Rest besser abfertigen zu können.
Aber erstmal zurück zu meiner Einschätzung Anfang 1982:

Integration oder Autonomie?

Ausgehend von den Erfahrungen vergleichbarer Einrichtungen in anderen — vor allem skandinavischen — Ländern fordern SPD- und DGB-Frauen schon seit längerer Zeit die Schaffung von Gleichstellungsbeauftragten. So wurde erstmalig 1976 die Stelle einer Frauenbeauftragten in NRW eingerichtet, direkt dem Ministerpräsidenten zugeordnet. Die Stelleninhaberin gab allerdings nach kanpp einem halben Jahr wegen unzureichender Kompetenzen und mangelnder Unterstützung auf.

In einem zweiten Anlauf und mit präziser formulierten Forderungen setzten die SPD-Frauen ihre Forderungen dann 1979 im Bund und in einigen Ländern durch, allerdings mit Abstrichen bezüglich der Ansiedlung, Personalausstattung und eigener finanzieller Mittel. Die den ursprünglichen Forderungen am ehesten entsprechenden Stellen sind die im Januar 1979 in Hamburg eingerichtete „Leitstelle Gleichstellung der Frau" in der Senatskanzlei, die im Febr. 1979 geschaffene „Zentralstelle für Frauenfragen" beim Hessischen Ministerpräsidenten und der im Juli 1979 eingerichtete „Arbeitsstab Frauenpolitik" im Bundesministerium für Jugend, Familie und Gesundheit.

Inzwischen sind in fast allen anderen Bundesländern ebenfalls solche Gleichstellungsstellen, wie sie kurz genannt werden, eingerichtet oder geplant bzw. die Aufwertung vorhandener Frauen-Referate vorgesehen. Außerdem gibt es erste Bemühungen, solche Stellen auch auf kommunaler Ebene einzuführen (z.B. in Köln, gemeinsam von SPD- und FDP-Frauen gefordert).

Die öffentliche Diskussion über Sinn und Zweck solcher Stellen verlief anfänglich nur zwischen den traditionellen Parteien. Dabei gab es eine deutliche Polarisierung zwischen SPD einerseits und CDU und FDP andererseits (parteiinterne Differenzen oder zwischen den Landesverbänden bleiben hier unberücksichtigt). Die CDU wehrte sich gegen eine weitere Bürokratisierung, die FDP setzte zum damaligen Zeitpunkt vor allem auf ein Anti-Diskriminierungsgesetz.

Inzwischen ist diese Kontroverse beigelegt und wird höchstens unter wahltaktischen Gesichtspunkten mal wieder aufgewärmt, denn alle traditionellen Parteien stehen unter dem Zwang, mehr in der Frauenpolitik tun zu müssen.

Die Auseinandersetzung verläuft daher nicht mehr an der eher formalen Frage des „Wie“ (mit oder ohne Gleichstellungsstellen, Frauenressorts, usw.), sondern ist festzumachen an der inhaltlichen Ausrichtung und Schwerpunktsetzung dessen, „Was“ mit Hilfe solcher Stellen an praktischer Politik erfolgen soll. Entsprechend werden Gleichstellungsstellen in CDU-regierten Ländern einen Beitrag zur Aufwertung der Hausfrauen- und Mutterrolle leisten (Erziehungs- und Familiengeld), in SPD-regierten Ländern wird der Schwerpunkt auf Maßnahmen zu Erleichterung der Doppelbelastung liegen (Mutterschaftsurlaub für erwerbstätige Frauen, Null-Tarif für Kindergärten). Und bei der FDP weiß man/frau, wie so oft, nicht recht, was denn nun gilt. In Koalition mit der SPD trägt sie Gleichstellungsstellen mit bzw. hat deren Einrichtungen nicht boykottiert (Hessen, Bundesebene). Auf dem von ihr selbst gewählten Feld des Anti-Diskriminierungsgesetzes ist die FDP, als es ernst wurde, umgefallen: das arbeitsrechtliche EG-Anpassungsgesetz wurde in den entscheidenden Punkten — nämlich Eingriffs- und drastische Sanktionsmöglichkeiten gegenüber Arbeitgebern, die diskriminieren von der FDP zu Fall gebracht, in Übereinstimmung mit der CDU und der Arbeitgeberseite.

Von gewissen Schwankungen abgesehen ist im Ergebnis festzuhalten, daß sich die Auseinandersetzung zwischen den traditionellen Parteien über ihr Ja oder Nein zu Gleichstellungsstellen als ein Scheingefecht erwiesen hat, das geradezu lächerlich erscheint, wenn man/frau sich vergegenwärtigt, daß Gleichstellungsstellen vom Ansatz her so prinzipiell neu gar nicht sind, wie es aufgrund der „modernen“ Bezeichnungen und dem Versuch, sie anders zu gewichten, heute scheint. In allen Bundesländern gibt es längst und z.T. schon seit Jahrzehnten spezielle Referate oder Abteilungen für Frauen- und Familienfragen, traditionell in den Ministerien für Familie und Jugend oder Arbeit und Soziales angesiedelt und in der Aufgabenstellung den Gleichstellungsstellen sehr ähnlich.

Das einzig Neue an der heutigen Debatte sind die verbalen Zugeständnisse der ressortübergreifenden Aufgabenstellung dieser Einrichtungen, denen formal Rechnung getragen wird in der ressortübergreifenden Ansiedlung (beim Minsiterpräsidenten, in der Senats- und Staatskanzelei). Damit sind, das soll nicht unterschlagen werden, die Möglichkeiten der Einwirkung verbessert worden. Das kann aber nicht darüber hinwegtäuschen, daß heute noch für alle diese Stellen gilt — egal, wo angesiedelt und wie ausgestattet — daß sie beratende, anregende, koordinierende Aufgaben und eine gewisse Kontrollfunktion haben, nicht aber die ressortübergreifende Entscheidungskompetenz. Die liegt nach wie vor bei anderen Behörden bzw. Ministerien. Das beschränkt die Wirksamkeit und Durchschlagskraft von Gleichstellungsstellen ganz erheblich, denn sie sind dadurch abhängig vom guten Willen, Verständnis und Zugeständnis anderer, mehrheitlich durch Männer repräsentierter Instanzen.

Alibifunktion …

Außer der berechtigten Kritik an der mangelnden Entscheidungsbefugnis von Gleichstellungsstellen gibt es Vorbehalte und Skepsis bis hin zur völligen Ablehnung solcher Stellen vor allem in der autonomen Frauenbewegung. Diese

Frauen kritisieren unter mehr grundsätzlichen und strategischen Gesichtspunkten die Integrations- und Alibifunktion solcher Stellen und thematisieren ihre Institutionenkritik im allgemeinen und das Verhältnis von Basisbewegungen zu Institutionen im besonderen.

Der Vorwurf der Integrations- und Alibifunktion ist insofern nicht unberechtigt, als die Einrichtung von Gleichstellungsstellen (mit ressortübergreifendem Anspruch) tatsächlich nur möglich war vor dem Hintergrund einer in den letzten zehn Jahren sich neu entwickelnden Frauenbewegung und – damit zusammenhängend – einem Wiedererstarken der Aktivitäten traditioneller Frauenverbände. Wenn die Herrschenden (Parteien, Regierungen) vor diesem Hintergrund Frauenforderungen (teilweise) aufgreifen und (ansatzweise) umsetzen, so tun sie das sicher nicht, weil sie nun plötzlich überzeugt wären, sondern weil sie Zugeständnisse machen müssen, jedenfalls soweit, wie es für das eigene politische Überleben und die Herrschaftssicherung notwendig erscheint.

Das zu leugnen wäre falsch und verhängnisvoll. (Und gilt nicht nur für Frauenpolitik.)

... oder Chance zur Durchsetzung berechtigter Fraueninteressen?

Genauso falsch und verhängnisvoll ist es aber, bei dieser Einschätzung stehen zu bleiben und nicht genauer und differenzierter den politischen Spielraum zu sehen und entsprechend zu nutzen, der sich aus dem Zwang zu Zugeständnissen für die Herrschenden in einer parlamentarischen Demokratie ergibt. Und da sind Gleichstellungsstellen zu werten als ein Instrument zur Durchsetzung von Frauen-Interessen und sollten nicht als Frauenpolitik selbst oder deren Ersatz (miß-)verstanden werden.

So albern es in diesem Zusammenhang auch auf den ersten Blick erscheinen mag: mit der Einrichtung von Gleichstellungsstellen, Frauenressorts, Arbeitsstäben für Frauenpolitik oder wie immer sie heißen mögen tragen Bund und Länder für ihre „Zuständigkeitsbereiche“ einer Erfahrung Rechnung, die in Frauenorganisationen und der Frauenbewegung nunmehr seit gut einem Jahrhundert längst bekannt ist, nämlich daß Fraueninteressen konsequent und überzeugend nur von den Betroffenen selbst vertreten werden können.

Selbstverständlich sind von Gleichstellungsstellen keine Wunder oder revolutionäre Veränderungen zu erwarten. Sie sind eingebunden in den Staats-und Verwaltungsapparat, haben beratende Funktion, keine eigene Entscheidungsbefugnis und werden inhaltlich den von der jeweils gewählten Regierung gesteckten politischen Rahmen nicht sprengen.

In dem so vorgegebenen Rahmen können sie aber gleichzeitig von einem politischen und verwaltungsmäßigen Spielraum ausgehen, der sich herstellt aus der mangelnden Kompetenz aller anderen Verwaltungsapparate in Frauenfragen; aus dem speziellen Auftrag und dem Zwang der Regierenden, mehr für Frauen tun zu müssen; und aus der Tatsache, daß es eine Frauenbewegung gibt, auf die die Gleichstellungsstellen sich beziehen können und müssen.

Im Rahmen des so vorgegebenen und sicher auch unterschiedlich genutzten Spielraumes können Gleichstellungsstellen die Durchsetzung frauenpolitischer Forderungen wirksam unterstützen und ihren Beitrag dazu leisten, daß diese aufgegriffen und umgesetzt werden.

So ist in Berlin (mit einem herkömmlichen Frauenressort im Senat für Familie und Jugend) und Hamburg (mit einer „neuen" Gleichstellungsstelle) die Forderung nach einem Haushaltstitel für Frauenhäuser jeweils unterstützt und 1980 durchgesetzt worden; die bessere Finanzierung von Frauenprojekten wird unterstützt, allerdings erst mit kleinen Erfolgen; zu verschiedenen Gesetzesvorhaben wurden von Frauenressorts sehr weitgehende Forderungen vorgetragen (statt Mutterschaftsurlaub Einführung eines Elternteilurlaubes, drastische Sanktionen gegen Arbeitgeber bei Diskriminierung von Frauen); es ist begonnen worden mit Frauenförderungsplänen in Betrieben und dem öffentlichen Dienst; die aus Teilen der autonomen Frauenbewegung kommende Forderung nach Änderung der Vergewaltigungsparagraphen wird von Gleichstellungsstellen aufgegriffen und nicht von den traditionellen Justizministerien u.v.a. mehr.

Zugegeben, diese „Erfolgsbilanz" ist nicht sensationell. Sie bezieht sich außerdem nur auf die Tätigkeit von Gleichstellungsstellen von SPD- oder koalitionsregierten Ländern und läßt eine Detailkritik an der Widersprüchlichkeit und Inkonsequenz der SPD-Frauenpolitik, die sich in den Frauenressorts dann zwangsläufig niederschlägt, unberücksichtigt.

Trotzdem, man/frau sollte versuchen, sich vorzustellen, wie eine solche Bilanz ohne einen auch durch entsprechende Ressorts zu vertretenden frauenpolitischen Ansatz aussähe.

Die Forderung nach Autonomie der Frauenarbeit ist für alle gesellschaftlichen Bereiche und Organisationen unumgänglich, wenn sich in der Frauenfrage etwas bewegen soll. Die Autonomie macht die Stärke der Frauenarbeit aus. Sie ist gleichzeitig aber auch Ausdruck für das Hinterherhinken der Frauenpolitik und beweist, wie wenig die Frauenfrage Teil der allgemeinen gesellschaftlichen Auseinandersetzung ist.

Das gilt auch für Gleichstellungsstellen. Nicht die Abschaffung oder Einschränkung von Frauen-Autonomie ist geboten, sondern im Gegenteil, deren Erweiterung als zentraler und bestimmender Faktor für Politik ist anzustreben.

(Aus AKP Jan/Feb '82)

Gleichstellungsstellen – der Regierung und nicht der Frauenbewegung verpflichtet

Aus heutiger Sicht empfinde ich meine damalige Einschätzung als viel zu unkritisch und wohlwollend. Wir alle haben inzwischen erfahren, daß die „Erfolgsbilanz" von Gleichstellungsstellen nicht nur nicht „sensationell", sondern äußerst dürftig ist. Und die Bilanz kann auch nicht anders sein angesichts von Massenarbeitslosigkeit, Stellenabbau, Wende-Politik und parteiübergreifender Sparpolitik im Sozial-, Bildungs- und Gesundheitswesen. Die Wende-Politik drängt die Frauen wieder einmal zurück ins Heim und in die Familie. Das sog. Beschäftigungsförderungsgesetz und flexibilisierte Arbeitszeiten, speziell für Frauen vorgesehen, schreiben die Vorrangigkeit der Hausfrauen- und Mutterrolle auf „modernisierte“ Weise erneut fest, versüßt und verblümt durch eine Aufwertung der „neuen Mütterlichkeit“ mit halbherziger Anerkennung von Kindererziehungszeiten bei der Rente und einem Erziehungsgeld-Almosen. Im grün-feministischen Jargon wird das Ganze als Anerkennung der „Gefühlsarbeit“, die ja tatsächlich von Frauen geleistet wird, bezeichnet und gefordert.

Die Rahmenbedingungen stehen – übrigens nicht erst seit der Wende-Regierung – ganz und gar nicht mehr für mehr (gleiche) Rechte von Frauen. Vor diesem Hintergrund verkommt für meine Begriffe die Debatte über manche kontrovers diskutierten frauenpolitischen Forderungen schon fast zum akademischen Streit, durchsetzbar ist sowieso nur das, was die Männer in ihrer Vormachtstellung nicht gefährdet. Deutlich zu machen ist das an der Kontroverse: Frauenförderpläne oder Quotierung. Selbst bei Durchsetzung einer konsequenten Quotierung, wofür ich bin, würde dadurch wegen der überall verfügten Einstellungssperren kaum einer Frau zu einem Arbeitsplatz verholfen. Und ob es mit Hilfe der schwammigen Frauenförderpläne, die neuerdings begonnen werden, einem Dutzend Frauen mehr oder weniger gelingt, auf der Karriereleiter, auf der sie ohnehin sehr weit unten stehen, eine Stufe höher zu krabbeln oder nicht, ändert nichts Nennenswertes an der gesellschaftlichen Benachteiligung und Diskriminierung der Masse der Frauen.

So ist es sicher kein Zufall, daß die Hambuger Gleichstellungsstelle bzw. der Senat den angekündigten Bericht über die Ergebnisse der im öffentlichen Dienst verfügten Frauenförderpläne trotz einjähriger Fälligkeit noch nicht vorgelegt hat. Die Bilanz kann nur beschämend sein bei der radikalen Spar- und Stellen-/Beförderungs-Stop-Politik des Hamburger SPD-Senats. Bei der Kritik an Frauenförderplänen ist Gleichstellungsstellen weniger anzulasten, daß die Pläne nichts bringen, sondern zu beklagen ist, daß Gleichstellungsstellen die Durchsetzung von Frauenförderplänen mit Soll- und noch nicht mal Muß-Bestimmungen öffentlich jedenfalls als großen Erfolg darstellen und daran vermutlich auch selbst noch glauben, obwohl sie es besser wissen müßten. Sie benennen nicht mehr die Unzulänglichkeit von Frauenförderplänen gegenüber der konsequenteren Forderung nach Quotierung, sie thematisieren nicht die Unwirksamkeit von Frauenförderplänen angesichts der ökonomischen Situation. Täten sie dieses, dann würden sie allerdings nicht nur ihr eigenes Tun in Frage stellen, sondern auch in gewaltige Loyalitätskonflikte mit der ihr vorgesetzten Regierung kommen.

Entscheidend ist also die Eingebundenheit in die jeweilige Regierungspolitik; diesen Rahmen können Gleichstellungsstellen nicht sprengen. Und sie können das auch nicht wollen; nicht nur, weil damit der eigene Arbeitsplatz gefährdet wäre, sondern weil das eigene Denken durchaus mit dem der vorgesetzten Regierung übereinstimmt bzw. sich nach und nach daran orientiert, weil „mehr“ halt sowieso nicht drin ist. Hinzu kommt, daß die Staatsbediensteten-Mentalität in unserer Bürokratie auch vor Gleichstellungsstellen-Frauen nicht halt macht. Der authentische Ausspruch einer Gleichstellungsstellen-Leiterin „ich bin Beamtin, nicht Politikerin“ verdeutlicht das. Untergeordnete Position und Weisungsgebundenheit führen dazu, daß bei der Frage nach dem eigenen Tun sehr schnell, und in diesem Staatsapparat ja auch durchaus zu Recht, auf die Verantwortlichkeit anderer verwiesen wird, die dieses und jenes haben nicht durchgehen lassen, obwohl man/frau selbst es eigentlich doch so gern wollte. Und spätestens im Konflikt, dem Ernstfall also, wird klar, wer sich wem verpflichtet fühlt und wo verankert ist. Gleichstellungsstellen sind eindeutig der Regierung und dem Apparat verpflichtet und nicht der Frauenbewegung. Ihre Basis ist die Regierung und die Partei, die die Regierung stellt, aber nicht die Frauenbewegung. Gleichstellungsfrauen werden nicht von der Frauenbewegung gewählt, delegiert oder benannt, sondern sie werden von der staatlichen Bürokratie eingestellt. Das gilt für rot-grüne Koalitionen wie in Hessen genauso wie für Ein-Parteien- oder Koalitionsregierungen.

Funktion von Gleichstellungsstellen: Integration und Befriedung

Und wie sehr in der herrschenden Parteienlandschaft die Funktion von Gleichstellungsstellen sich dann auf eine Integrations- und Befriedungspolitik reduzieren muß, will ich nochmal an dem bereits erwähnten Beispiel Frauenförderpläne oder Quotierung verdeutlichen. Eine konsequente Quotierung würde nicht nur heute angesichts der Arbeitslosigkeit eine massive Konkurrenz für die Männer bedeuten, sondern auch in wirtschaftlich besseren Zeiten wäre ihre bisher so selbstverständliche Bevorzugung radikal in Frage gestellt. Die Durchsetzung der Quotierung ist aufgrund ihrer offensichtlichen und so direkten Bedrohung männlicher Selbstverständlichkeit derzeit nicht durchsetzbar. In keiner der traditionellen Parteien ist sie mehrheitsfähig, selbst bei den Grünen wird darüber gestritten. Mit den die männlichen Arbeitsplätze überhaupt nicht bedrohenden Frauenförderplänen dagegen schmücken sich inzwischen alle Parteien, und die jeweiligen Gleichstellungsstellen dürfen sie dann als hart erkämpften Durchbruch an frau verkaufen.

Noch kurz ein zweites Beispiel als Beleg dafür, daß bei Gleichstellungsstellen eben nicht mehr als offizielle Regierungspolitik rauskommen kann. Bei SPD- und Gewerkschaftsfrauen, der entscheidenden politischen Basis für die ersten von SPD-Regierungen eingerichteten Gleichstellungsstellen, gab/gibt es mehrheitlich die Forderung nach täglicher Arbeitszeitverkürzung anstelle der gängigen Teilzeitarbeit für Frauen. Aus meiner Sicht wäre es sehr naheliegend gewesen, sich dieser Basis so weit verpflichtet und verbunden zu fühlen, daß mit den Mitteln und Möglichkeiten einer Gleichstellungsstelle in dieser zentralen Frage etwas unternommen wird. Klar, die Frage der Arbeitszeitverkürzung ist nicht per Regierungsdekret zu lösen. Aber es hätte ein sehr spannendes und lohnendes Unternehmen sein können, die Vorreiterfunktion des öffentlichen Dienstes zu nutzen und, sei es auch nur per zeitlich begrenztem Modellversuch, Frauen und Männern bzw. Müttern und Vätern im öffentlichen Dienst eine Arbeitszeitverkürzung bei vollem Lohnausgleich anzubieten unter der Voraussetzung, daß der/die jeweilige Partner/in mitmacht, damit das alles nicht wieder allein über die Mütter-Verantwortung läuft. Für nicht im öffentlichen Dienst beschäftigte Partner/innen hätten Verhandlungen über Ausgleichsregelungen mit den jeweiligen Betrieben stattfinden können. Erste finanzielle Mittel für dieses Projekt hätten aus dem Jahr für Jahr von den Hamburger Unternehmen nicht ausgeschöpften Haushaltstitel, aus dem Zuschüsse für den berüchtigten Klo-Einbau bei Einstellung von Frauen und weiblichen Auszubildenden gezahlt werden, genommen werden können. Aber solch ein Vorschlag mußte schon innerhalb der Gleichstellungsstelle auf Ablehnung stoßen, denn die mit so einem Versuch vermittelte Orientierung geht die traditionelle Arbeitsteilung zwischen Mann und Frau zu radikal an. Mit der vorgesetzten Regierung darüber zu reden und vielleicht auch ein bißchen zu streiten, wurde gar nicht erst erwogen. Da wurde und wird lieber weiter auf Teilzeitarbeit orientiert, selbstverständlich für beide, Mann und Frau; trotz Kenntnis der Tatsache, daß Teilzeitarbeit Frauenarbeit ist, so wie Leichtlohngruppen immer Frauenlohngruppen waren.

Die Lage der Frauen hat sich verschlechtert – trotz Gleichstellungsstellen

Meine Anfang 1982 rhetorisch gestellte Frage, wie die frauenpolitische „Bilanz ohne einen auch durch entsprechende Ressorts zu vertretenden frauenpolitischen Ansatz aussähe", beantworte ich heute neu: die Bilanz wäre kaum anders als ohne Gleichstellungsstellen oder Frauenbeauftragte. Gewisse Zugeständnisse im Sinne von Herrschaftssicherung und Integration hätten die Regierenden ohnehin machen müssen. So paßt die Finanzierung von einigen Frauenprojekten ganz gut in das Konzept, Selbsthilfe-Initiativen zur Entlastung des Staatshaushaltes zu unterstützen (siehe Berlin). Von der vielen ehrenamtlichen und/oder unterbezahlten Arbeit in solchen Projekten profitiert Vater Staat schließlich nicht schlecht.

Die Symptom-Bastelei in Form von Frauenförderplänen, Favorisierung von Teilzeitarbeit, Unterstützung und Initiierung von Motivationskursen zum Wiedereinstieg in die Erwerbsarbeit, Schulbuchuntersuchungen und vieles derartiges mehr hat keine durchgreifende Änderung für uns Frauen gebracht: z.T. gab's derartige Maßnahmen auch schon längst vor der Einrichtung von Gleichstellungsstellen. Tatsächlich hat sich mit und trotz Gleichstellungsstellen die Lage der Frauen in den letzten Jahren verschlechtert durch Arbeitslosigkeit und Sparpolitik, Änderung des AFG (Arbeitsförderungsgesetzes), Einführung des sog. Beschäftigungsförderungsgesetzes usw., wobei die Wende-Politik – beginnend schon unter der sozial-liberalen Koalition, die den Mutterschaftsurlaub z.T. vorwiegend aus bevölkerungspolitischen Gründen (Erhöhung der Geburtenrate) einführte – flankiert und abgesichert wird durch Heim- und Herd-Maßnahmen (Eltern-Urlaub). Die Neu-Auflage der Moral-Attacken zum § 218 macht besonders sinnfällig, welche Richtung angesagt ist. Profitiert haben von Gleichstellungsstellen vor allem die dort tätigen Frauen und eine Reihe arbeitsloser Akademikerinnen, die über von Gleichstellungsstellen vergebene Werkverträge und/oder Untersuchungsaufträge ein paar Mark verdienen konnten. Das sei ihnen auch ehrlichen Herzens gegönnt. Nur sollte das nicht den Blick verstellen für das Ergebnis und die Funktion der Arbeit in und mit Gleichstellungsstellen.

Orientierung auf Staatsmacht oder Stärkung der Frauenbewegung?

Mein Fazit heute: ich verspreche mir nicht viel von staatlichen Regulierungsinstanzen, weder in der Frauenpolitik noch in anderen Bereichen. Von daher ist es nicht meine politische Forderung, Frauenbeauftragte oder Frauenministerinnen zu wollen, auch nicht so, wie die Grünen das im ADG (Anti-Diskriminierungs-Gesetz) tun. Ob und welche Einrichtungen sich Vater Staat schafft, um gesellschaftlichem und sozialem Druck punktuell nachzugeben und ihn gleichzeitig zu kanalisieren, ist nicht mein vorrangiges Interesse. Sehen und beurteilen will ich, egal wie die Einrichtungen heißen und wo und wie sie angesiedelt sind, was dabei inhaltlich und materiell rauskommt. Und bei dem ambivalenten Charakter von staatlichen Instanzen können nur Bruchteile dessen herauskommen, was Anliegen der Bewegung ist. Von daher sollten wir unsere Kraft und Energie vor allem darauf konzentrieren, die Frauenbewegung selbst zu stärken und ihr neue Aktionsfelder zu erschließen.

Tatsächlich dominiert derzeit aber eine andere Richtung. Immer mehr grüne, feministische und autonome Frauen fordern zunehmend mehr staatliche Frauen-Bürokratien; sie wollen „unseren Anteil an der staatlichen Macht" (Marita Haibach). Die Forderung nach Einrichtung und Teilhabe an staatlichen Frauen-Instanzen ist die frauenspezifische Variante von Realpolitik, um die bei den Grünen auch sonst so heftig gestritten wird. Dabei geht es um eine grundsätzliche Entscheidung der politischen Strategie: Orientierung auf Staatsmacht und Teilhabe daran, das heißt Arrangement mit den bestehenden Verhältnissen, in denen nur mit kleinen Schritten kleine Reformen bewirkt werden können (die — das nur nebenbei — auch immer aufgrund ihres ambivalenten Charakters zur Systemstabilisierung beitragen können), oder Oppositionspartei, die als Teil und Ausdruck sozialer Bewegungen parlamentarisch und außerparlamentarisch politischen Druck erzeugt. In der kontrovers geführten § 218-Debatte der Grünen Bundestagsfraktion hat Gaby Gottwald das Prinzip dieser Problematik gut auf den Punkt gebracht: „früher habe die Parole der Grünen ‚Leistet Widerstand' geheißen und heute gelte ‚Haltet die Schnauze, wir haben Wahlkampf' (FR, 25.9.86). Bei der Forderung von Frauen nach Teilhabe an der Staatsmacht sind nach meinem Eindruck auch persönliche Wünsche und Bedürfnisse nicht zu unterschätzen. Wo sonst, wenn nicht in speziellen Frauen-Bürokratien, haben frauenbewegte Frauen noch Chancen, einen sicheren, gut bezahlten und relativ befriedigenden Arbeitsplatz zu erhalten? Frauenbewegungsprojekten steht auf absehbare Zeit keine nennenswerte finanzielle Expansion ins Haus; ihr Überleben ist Jahr für Jahr eine neue Zitterpartie.

Carola Schewe

Abgewertet, abgeschoben, abgebügelt

Über das Schicksal von Frauengleichstellungsstellen im Kreis Aachen – nur ein Beispiel

Unmittelbar nach der Kommunalwahl im Frühjahr 1984 gingen allen Stadt- und Gemeinderäten des Kreises Aachen Anträge der „Arbeitsgemeinschaft sozialdemokratischer Frauen" (ASF) des SPD-Unterbezirks Aachen-Land zu, in denen diese die Einrichtung von Gleichstellungsstellen und die Einstellung von Frauenbeauftragten forderten. Zwei Jahre sind seitdem vergangen.

Am aussichtsreichsten sah die Sache in *Stolberg* aus. Mit Unterstützung der dortigen grün-roten Koalition hätte der Antrag eigentlich schnell durchgehen können. Doch die Verwaltung – an der Spitze Stadtdirektor Römer (CDU) – wollte nicht so recht. Drei Damen aus dem Standesamt könnten diese Aufgabe doch zusätzlich übernehmen, ließ er verlauten. Standesamt deshalb, weil dort eh viel Publikumsverkehr herrsche. Und das sei doch besser als im Sozialamt... – Als der Personalrat sich gegen diesen Vorschlag verwahrte („artfremde Beschäftigung"), reklamierten die Grünen die Einrichtung einer neuen Stelle. Und sie hatten Erfolg – dachten sie.

Eine Frau ohne Kompetenzen

Seit Mitte April ist die „Frauengleichstellungsbeauftrage" Ute Meyer im Amt – aber wie! Sie arbeitet halbtags und mit BAT VI b bezahlt. Netto macht das 700 bis 800 Mark – Sekretärinnengehalt. Die CDU-dominierte Verwaltung hat alles daran gesetzt, die Gleichstellungsstelle möglichst mickrig auszustatten. Mit Erfolg: Laut Tarifvertrag haben Angestellte dieser Gehaltsgruppe keine Zeichenberechtigung, sie dürfen keine eigenständigen Vorhaben planen und durchführen. Die Freiheiten, die sich Frau Meyer bisher herausnahm, sind allein von der Gnade ihres Chefs Römer abhängig, der ihr im Falle eines Konflikts schlicht und einfach den Maulkorb umhängen könnte. Ein Stolberger Grüner meint rückblickend eher unzufrieden: „Wir hätten wesentlich mehr rausschlagen können, wenn wir nicht so unerfahren gewesen wären. Wir haben einfach nicht glauben wollen, daß die zu solchen Linkereien fähig wären." Ein Vorwurf, der sich nicht nur an CDU und Verwaltung, sondern auch an die SPD-Fraktion richtet. „Ausschreibung und Besetzung sind nach der geltenden Hauptsatzung Sache der Verwaltung. Wir hätten versuchen sollen, die Hauptsatzung so zu ändern, daß wir bei Bedarf Mitspracherecht hätten." Von der SPD kam keine Initiative in dieser Richtung und den Grünen, damals neu im Rat, wurde das Problem erst klar, als sie die Ausschreibung in der Zeitung lasen und es zu spät war.

Bei der Beschreibung der Aufgaben der Stolberger Frauenbeauftragten fehlten wichtige Punkte aus dem ASF-Antrag:
Die Frauenbeauftragte soll nicht
- Informationsveranstaltungen durchführen und Broschüren erstellen (dafür müßte sie Geldmittel zur Verfügung haben)
- Überhaupt Öffentlichkeitsarbeit eigenverantwortlich planen und durchführen (dafür müßte sie zwei bis drei Gehaltsgruppen höher eingestuft werden)
- an Rats- und Ausschußsitzungen teilnehmen, wo nach ihrer Meinung Belange der Frauen berührt werden (sondern nur an solchen, wo „Themen aus dem Aufgabengebiet ‚Gleichberechtigung' anstehen")
- im Rat oder in Ausschüssen reden dürfen (der Dienstweg geht über den Stadtdirektor)
- Anträge an den Rat stellen
- ein Vetorecht bei Personalangelegenheiten im Rahmen der öffentlichen Verwaltung ausüben (dagegen hatte laut Römer der Personalrat etwas)
- Gelder für Untersuchungen über die Lage der Frauen an externe Studiengruppen vergeben.

Folge: Wenn Frau Meyer etwa aufgrund ihrer Beratungstätigkeit einen Bedarf für mehr Kinderhorte feststellt – der Herr Römer aber meint, es gäbe davon genug – hat sie keine Möglichkeit, den Konflikt auf politischer Ebene einzubringen.
Immerhin – in Stolberg ist ein Anfang gemacht worden. In Gemeinden, wo SPD oder CDU in absoluter Mehrheit regieren, kam es erst gar nicht so weit.

Sonst: Fehlanzeige
Eine Frau von den *Herzogenrather* Grünen schildert ihre Erfahrungen mit der SPD: „Kurz nach der Wahl war die ASF schneller mit ihrem Antrag: sie forderte eine ABM-Stelle. Wir waren ganz optimistisch, schließlich kam der Antrag ja aus der SPD. Doch im Rat war es eine SPD-Frau, die im Namen der Fraktion meinte, eine Frauenbeauftragte sei nicht notwendig. Es gäbe schließlich das Grundgesetz, nach dem Mann und Frau gleichberechtigt seien."

In *Eschweiler* wußte ein Mitglied der grünen Fraktion ähnliches: „Inhaltlich haben die sich erst gar nicht mit dem Antrag auseinandergesetzt. Die SPD stimmte sogar geschlossen dagegen. Einige Abgeordnete waren wohl anderer Meinung. Aber bei denen herrscht starker Fraktionszwang: der übliche SPD-Filz in einer Arbeiterstadt."

In *Alsdorf* kam die SPD auf die Idee, den Antrag an den Kreis Aachen zu verweisen. Vielleicht fühlt sich der zuständig?

Von der *Baesweiler* CDU-Mehrheit mußte sich die ASF vorwerfen lassen, die Verfassung zu ignorieren. Schließlich sei mit einer Gleichstellungsstelle eine Bevorzugung der Frauen verbunden(!). Dabei hat sogar die Bundesfrauenvereinigung der CDU inzwischen zur Bildung von Gleichstellungsstellen aufgerufen.

In *Simmerath* wollte die CDU unbedingt einen Mann für die Gleichstellung der Geschlechter verantwortlich machen. Dort einigte mann sich schließlich darauf, daß die Sekretärin des Gemeindedirektors als Verwaltungskraft und Herr Schmitz von der CDU als ehrenamtlicher Beauftragter agieren sollten. Es gab sogar einen Rechenschaftsbericht, den natürlich Herr Schmitz vorlas. In dem Bericht stand nicht viel drin – da keine Öffentlichkeitsarbeit betrieben wurde, hatten gar keine Frauen die „Gleichstellungsstelle" aufgesucht. Ausnahme: eine Grüne inkognito, die mal testen wollte. Zum Gespräch mit ihr holte die Sekretärin ihren Gemeindedirektor hinzu!

Solche Lächerlichkeiten hört man/frau vorwiegend aus CDU-Gemeinden, die sich seit Geißler ein wenig verpflichtet fühlen, etwas für die weibliche Wählerschaft zu tun. Aber auch die Hoffnung auf die SPD trügt überall da, wo es außer den Grünen keine aktiven, außerparlamentarischen Frauengruppen gibt. Bitter muß das besonders für die frauenpolitisch engagierten SPD-Frauen sein. Die Vorsitzende der Kreis-ASF: „Eigentlich will keiner eine Frauenbeauftragte. Kein Mann läßt sich gern den Lack abkratzen." Daß der außerparlamentarische Druck die einzige Möglichkeit ist, zeigt das Beispiel *Würselen.* Dort ließ sich die SPD durch Frauengruppen immerhin dazu bewegen, den Antrag nicht sofort abzubügeln, sondern zunächst ein Hearing zu veranstalten – fragt sich nur wann.

erschienen im Klenkes 7/86

Helga Krieger

Grüne Lok vor SPD-Bummelzug!?

Überlegungen zum politischen Umgang mit Gleichstellungsstellen

„... die Grünen (haben) die Forderung nach kommunalen Gleichstellungsstellen vielerorts aufgegriffen. Sie tun so, als seien sie die Urheber aller Bestrebungen, die Gleichberechtigung von Mann und Frau politisch durchzusetzen. Auch hier muß deutlich gemacht werden, daß die Grünen, wie so oft, auf einen bereits fahrenden Zug aufgesprungen sind, den die SPD in Fahrt gebracht hat."
(Werner Kuhlmann, Oberbürgermeister in Gelsenkirchen) (1)

Es gibt eine grundsätzliche Kontroverse über den Sinn von Gleichstellungsstellen und über ihren Stellenwert im Vergleich zu anderen frauenpolitischen Forderungen. Diese Diskussion halte ich für wichtig, denn eine Gleichstellungsstelle kann tatsächlich Frauen bei ihren vielfältigen Problemen materiell nicht helfen, sondern nur beraten und trösten. Sie kann Mädchen keine Ausbildungsplätze, Frauen keine Erwerbsarbeitsplätze verschaffen, Putzfrauen nicht zu geschützten Arbeitsverhältnissen verhelfen und Frauen, die vor der Gewalt ihres (Ehe-)Mannes fliehen, keine Zuflucht bieten. Dafür müssen politische Beschlüsse gefaßt werden! (Wie Quotierung, Rekommunalisierung der Reinigungsdienste, finanzielle Unterstützung von Frauenhäusern.)

Diese Beispiele machen wohl deutlich, daß die Forderung nach Gleichstellungsstellen nicht unser Schwerpunkt sein kann. Ich finde es trotzdem falsch, das Thema links liegen zu lassen, ich halte es vielmehr für notwendig, Überlegungen darüber anzustellen, wie Gleichstellungsstellen unserer Meinung nach aussehen sollten und zwar aus mehreren Gründen:

Bis weit in grüne und sogar autonome Frauenkreise hinein wird die Forderung nach Gleichstellungsstellen erhoben, werden Hoffnungen in diese Stellen gesetzt. Überall entstehen Frauenforen und -initiativen (teilweise werden sie allerdings aus dem Hintergrund von der SPD gemanagt), die sich für die Einrichtung einer Gleichstellungsstelle einsetzen oder sogar dafür kämpfen müssen. Grüne Frauen (wie ich) sind in den Kommunalparlamenten mit der Realität der sozialdemokratischen Konzeptionen von Gleichstellungsstellen konfrontiert – gleich ob die Stelle schon besteht oder demnächst beschlossen wird – und müssen politisch damit umgehen. Das Engagement und die Hoffnungen der Frauen lassen sich nicht einfach umbiegen in grundsätzliche Ablehnung von Gleichstellungsstellen – auch nicht durch negative Berichte von real existierenden Stellen. Eigene Erfahrungen sind offensichtlich durch nichts zu ersetzen. Und ich finde es auch nicht sinnvoll, denn Gleichstellungsstellen, die vernünftig ausgestattet sind, können positive Funktionen haben.

- ○ Gleichstellungsstellen bedeuten tatsächlich vielerorts eine Herausforderung für die Stadtväter, weil nach weitverbreiteter Meinung die Kommune keinen Ansatzpunkt für Frauenpolitik bietet. (Ein CDU-Vertreter in Nordhorn am Infostand auf die Frage nach dem fehlenden Frauenteil im Kommunalprogramm: „Ja, Frauen sind ein großes bundespolitisches Problem".)
- ○ Kommunale Gleichstellungsstellen im Rathaus bestätigen offiziell, daß Frauenbenachteiligung nicht nur ein Hirngespinst von ein paar „Emanzen" ist.
- ○ Frauen sind oftmals mit den vielfältigen Problemen so allein, daß sie auch eine bloße Beratungsstelle schon zu schätzen wissen. (Beichtväter und Psychologen haben oft genug das in sie gesetzte Vertrauen enttäuscht.)
- ○ Gleichstellungsstellen können Ausgangspunkt für weitere Forderungen sein. Sie können Aktivitäten von Frauen auslösen und unterstützen.
- ○ Durch die Diskussionen der Frauen untereinander wie durch den (hoffentlich stattfindenden) Streit der Parteien um Ausstattung der Stelle werden Unterschiede deutlich, u.U. findet manch schöne Entlarvung der Politiker statt.

Ich meine, daß eine quasi fundamentale, grundsätzliche Ablehnung von Gleichstellungsstellen kaum vermittelbar wäre, schon gar nicht den Frauengruppen, die sich dafür einsetzen, und sie würde es den etablierten Parteien leichter machen, ihre kompetenzlose Alibistelle als frauenpolitische Errungenschaft zu verkaufen. Wichtig ist es dagegen, politisch deutlich zu machen, daß wir Ansprüche an diese Stelle haben was die Ausstattung mit Stellen, Finanzen und Kompetenzen betrifft. Dadurch können wir Problembewußtsein wecken, die unterschiedlichen Vorstellungen deutlich machen, die anderen Parteien unter Druck setzen – und es wird vermittelbar, wenn wir es ablehnen, eine Alibistelle à la SPD, CDU, FDP mitzubeschließen.

SPD-Modell und Grüne Vorstellungen

„Gleichstellungsbeauftragte – eine sozialdemokratische Forderung wird Praxis" war das Thema einer SPD-Fachtagung in Essen (Januar 85). Tatsächlich gibt es inzwischen allein in NRW über 70 Stellen, wie die Landesfrauenbeauftragte (SPD) vor kurzem stolz der Öffentlichkeit mitteilte. Diese sprunghafte Zunahme der Gleichstellungsstellen ist u.a. dadurch zu erklären, daß die SPD NRW die Einrichtung von Frauenbüros zum landesweiten Schwerpunkt gemacht hat; hinzu kommt, daß CDU und FDP in einigen Kommunen ihre anfänglich ablehnende Haltung aufgegeben haben. Selbst die CSU in Bayern läßt sich inzwischen auf Gleichstellungsstellen ein (Freising).

Allerdings bevorzugt die CDU die Billigvariante einer ehrenamtlichen Frauenbeauftragten. Allen Parteien gemeinsam ist die Tendenz, die Gleichstellungsstelle möglichst billig hinzubekommen, also durch AB-Stellen oder durch die Eingruppierung in eine niedrige Gehaltsstufe.

Das sozialdemokratische Idealmodell einer Gleichstellungsstelle ist eine Stelle in der Verwaltung (Stabsstelle), die dem Oberstadt- bzw. Kreisdirektor direkt unterstellt ist. Zwar ist mit ihrer Einrichtung als Stabsstelle die Tatsache berücksichtigt, daß Frauenfragen kein Ressort darstellen, sondern alle Bereiche durchziehen, auch bestätigt die direkte Zuordnung zum Oberstadtdirektor ihre besondere Bedeutung – aber diese Konstruktion bedeutet auch gleichzeitig die Einbindung in die Verwaltungsmeinung und die Einordnung in die Verwaltungshierarchie. Beides hat schwerwiegende Nachteile. Hinter der einheitlichen (integrierten) Verwaltungsmeinung werden häufig die Probleme verborgen: Alternativen werden nicht aufgezeigt. Für Fraueninteressen gilt aber in besonderem Maße, daß sie sich nicht in eine Verwaltungsmeinung integrieren lassen! Am Beispiel der Rekommunalisierung der Reinigungsdienste möchte ich dies deutlich machen:

Ist es einerseits das Interesse der Verwaltung bei der Umsetzung der Rekommunalisierung, dem Kostenfaktor Priorität einzuräumen, so ist es andererseits die Aufgabe der Gleichstellungsstelle, die Interessen der Reinigungsfrauen in Bezug auf zumutbare Arbeitsbedingungen und soziale Absicherung deutlich zu machen. Diese Gegensätze lassen sich nicht integrieren.

Nun zur Unterordnung unter die Verwaltungshierarchie: Sie bedeutet, daß die Frauenbeauftragten jedesmal, wenn es um die Teilnahme an Rats- und Ausschußsitzungen geht, um das Recht, dort selber zu reden, dort eine eigene Stellungnahme abzugeben und eigenständig Öffentlichkeitsarbeit zu machen, auf die Genehmigung des Oberstadtdirektors angewiesen sind. Die großzügige Handhabung einzelner Oberstadtdirektoren verrät zwar deren taktisches Geschick, täuscht uns aber nicht darüber hinweg, daß diese Regelung im Prinzip falsch ist. Sie bedeutet die Abhängigkeit von der Gnade eines (männlichen) Vorgesetzten – und vor allem reduziert sie die Tätigkeiten der Gleichstellungsstelle auf die Formen der Einflußnahme, die Frauen seit Jahrhunderten zugestanden wurden: nämlich in der Stille, im Hintergrund zu wirken durch überreden, überzeugen und beraten.

Diese „geräuschlose Arbeit des Frauenbüros" wie ein CDU-Ratsherr ganz lobend beschrieb, entspricht nicht unseren Vorstellungen von Aufgabe und Einflußmöglichkeiten der Gleichstellungsstellen.

Unserer Vorstellung nach, wie sie im ADG (Antidiskriminierungsgesetz) dargestellt ist, sollte es auf der kommunalen wie auf Bundes- und Landesebene Frauenbeauftragte als eigenständige Behörde mit dem Recht zur Kontrolle und Öffentlichkeitsarbeit geben – so wie sie in den USA und Großbritannien existieren. Nur so können Frauenbeauftragte ihrer Pflicht, Kontrolle auszuüben, Mißstände an die Öffentlichkeit zu bringen, überhaupt erst entsprechen. Nur mit dem Recht zu klagen und Sanktionen zu verhängen, könnte sie Frauen wirksam zu ihrem Recht verhelfen.

Von dieser Vorstellung ist die Realität der jetzigen Gleichstellungsstellen natürlich weit entfernt! Es ist uns klar, daß dafür eine gesetzliche Neuregelung notwendig ist, auf die politisch hingearbeitet werden muß!

Um die Kompetenzen in der Kommune kämpfen

1. Ergänzung der Hauptsatzung

Auch, wenn das ADG keine Mehrheit im Bundestag findet, gibt es hier und heute schon verschiedene Möglichkeiten, um den Spielraum der Gleichstellungsstellen zu erweitern. **Voraussetzung dafür ist allerdings in jedem Fall der politische Wille!**

Als die klarste Regelung erscheint mir die Ergänzung der Hauptsatzung der jeweiligen Kommunen um einen neuen Paragraphen, der alle wichtigen Rechte der Frauenbeauftragten (– schon dieses Wort stößt auf Widerstand!) festlegt. Damit würde die Stelle unabhängiger vom Oberstadtdirektor, der jetzt die Arbeit der Stelle durch Dienstanweisungen regelt, die er jederzeit ändern kann. Dabei müßte der Rat sich allerdings über die Organisationshoheit des Oberstadtdirektors hinwegsetzen. Das ist politisch durchaus möglich!

Wir haben in Bielefeld einen Versuch in diese Richtung gemacht und folgenden Antrag gestellt:

Hiermit bitten wir für die Hauptausschußsitzung am 10.7.86 um die Aufnahme eines Tagesordnungspunktes „Kompetenzen der Gleichstellungsstelle für Frauenfragen".
Zu diesem Tagesordnungspunkt werden wir folgenden Antrag stellen:
In die Hauptsatzung der Stadt Bielefeld wird unter Abschnitt VI ein neuer Paragraph 17 b) (Gleichstellungsstelle) aufgenommen. Dieser Paragraph lautete wie folgt:

1. *Die Fachämter stimmen alle Maßnahmen, die Gleichstellungsfragen berühren, mit der Gleichstellungsstelle ab.*
2. *Die Fachämter übersenden der Gleichstellungsstelle alle Rats- und Ausschußvorlagen unmittelbar nach Fertigstellung.*
3. *Die Beauftragten für Frauenfragen haben das Recht, an Sitzungen von Rat, Ausschüssen und Bezirksvertretungen sowie Beigeordneten-Konferenzen teilzunehmen und dort **eigenständig in schriftlicher oder mündlicher Form** Stellung zu beziehen. Sie haben das Recht, Vorschläge für die Tagesordnung direkt der/dem Vorsitzenden vorzutragen.*
4. *Die Beauftragten für Frauenfragen sind an allen Phasen von Personalentscheidungen (Einstellung, Beförderung etc.) zu beteiligen.*
5. *Die Beauftragten für Frauenfragen haben das Recht auf Akteneinsicht.*
6. *Die Beauftragten für Frauenfragen können **in eigener Verantwortung** Pressemitteilungen herausgeben, Pressekonferenzen durchführen sowie andere Formen der Öffentlichkeitsarbeit ergreifen.*

Begründung:
*Der Antrag begründet sich **nicht** aus der bisherigen (Bielefelder) Praxis, etwa aus möglicherweise aufgetretenen Konflikten zwischen Frauenbüro und übriger Verwaltung. Er resultiert aus der grundsätzlichen Einschätzung, daß Ziele und Wege der Frauengleichstellung im Widerspruch stehen zu anderen gesellschaftlichen Interessen. Meint man es ernst mit dem erklärten Ziel, so kann nicht der (verwaltungsinterne) Ausgleich von Inter-*

essen zur Regel gemacht werden, sondern die politische Entscheidung im Sinne einer Prioritätensetzung ist gefordert.

Eine Gleichstellungsstelle, die ***wirksam*** *sein soll, muß deshalb eigenständig entscheiden können, wann und wie sie die Öffentlichkeit bzw. die politischen Gremien auf Frauen betreffende Probleme und Problemlösungen aufmerksam macht. (Diese Entscheidung einem – männlichen – Vorgesetzten zu überlassen, erscheint absurd.)*

Des weiteren muß die Kompetenzfrage grundsätzlich geregelt sein. Es widerspricht dem Grundgedanken einer Gleichstellungsstelle als unabhängigem Kontrollorgan, wenn wir darauf hoffen müssen, daß ein großzügiger Oberstadtdirektor eine großzügige Dienstanweisung verfügt. (Was machen wir, wenn ein neuer OStD sich als weniger großzügig erweist?)

Der Paragraph 6 a, Abs. 4 der Gemeindeordnung weist nur allgemein auf die Möglichkeit zur Einrichtung von Gleichstellungsstellen hin, ohne auf die Art und Weise ihrer Beteiligung einzugehen. (Denkbar wäre eine Regelung ähnlich dem Rechnungsprüfungsamt; weitergehende Vorstellungen gehen dahin, das Frauenbüro außer mit einem Vetorecht auch mit Sanktionskompetenzen auszustatten.)

Er läßt aber durch seine Offenheit auch Spielraum für die Kommune. Zumindest könnte diese durch bewußte politische Entscheidung (d.h. Aufnahme eines eigenen Paragraphen in ihrer Hauptsatzung) auch dem Land gegenüber deutlich machen, wohin ihr politischer Wille geht.

Die SPD wies zunächst auf die großzügige Praxis durch den Oberstadtdirektor hin und ließ sich diese durch die Gleichstellungsstelle selbst bestätigen – der natürlich nichts anderes übrig blieb. Dann stellte die SPD mit Bedauern fest, daß sie das Verhältnis zu ihrem (SPD)-Oberstadtdirektor nicht weiter belasten und dem Antrag daher nicht zustimmen könne. Gleichzeitig präsentierte der Oberstadtdirektor eine neue „großzügigere" Dienstanweisung, die in dem Punkt ‚Beteiligung bei Personalauswahlverfahren' eine wirkliche Verbesserung darstellt.

So heißt es in der Dienstanweisung: *„Die Gleichstellungsstelle wird in Personalangelegenheiten ... insbesondere bei Auswahlentscheidungen im Falle von Einstellungen und Umsetzungen beteiligt und erhält auf Anforderung Auskunft über den Bewerberkreis, die Auswahlkriterien usw. Die Gleichstellungsstelle kann ihre Auffassung einbringen, die Bewerbungsunterlagen einsehen und an Vorstellungsgesprächen teilnehmen."*

Einen bemerkenswerten sprachlichen Eiertanz enthält die Verfügung in Bezug auf die Öffentlichkeitsarbeit der Gleichstellungsstelle: *„Die Gleichstellungsstelle verantwortet gegenüber dem Oberstadtdirektor die Inhalte der Öffentlichkeitsarbeit selbständig."* (Dienstanweisung für die Wahrnehmung der Aufgaben der Gleichstellungsstelle 8. Juli 1986).

So bekamen wir zwar keine Mehrheit für unseren Antrag, bewirkten aber indirekt eine bescheidene Verbesserung für die Gleichstellungsstelle.

2. Festlegung der Kompetenzen in der Dienstanweisung

Die zweite Möglichkeit besteht darin, den Oberkreis/Stadtdirektor selbst in die Pflicht zu nehmen. Dies haben die GRÜNEN im Landschaftsverband Westfalen-Lippe im Rahmen eines Antrages zur Einrichtung einer Gleichstellungsstelle getan. Sie forderten ihn auf, vorher zu erklären und festzulegen, welche Rechte (z.B. eigenständige Öffentlichkeitsarbeit, Rederecht usw.) er per Dienstanweisung auf die Frauenbeauftragte übertragen will.

„Leider lehnen es viele Justitiare der Kommunalverwaltungen ab, durch Satzungsrecht den Frauenbeauftragten Rechte zu verschaffen, solange nicht Gemeindeordnung und Kreisordnung entsprechend geändert sind. Wenn Frauenbeauftragte schon von der Gnade des Verwaltungschefs abhängig sind (hier: des Direktors des LWL), dann wollen wir vor der Einrichtung der Gleichstellungsstelle wissen, wie gnädig er ist." (Aus der Antragsbegründung der GRÜNEN im Landschaftsverband Westfalen-Lippe)

3. Änderung der Gemeindeordnung? Oder lieber nicht!
Die beste Möglichkeit wäre es natürlich, die Kompetenzen der Frauenbeauftragten in der Gemeinde- bzw. Kreisordnung zu verankern – dies hätte dann landesweite Verbindlichkeit. Dafür ist ein politischer Beschluß der Landesregierung nötig. Es ist entlarvend, daß die SPD-Hochburg NRW, die sich ihrer 70 Gleichstellungsstellen rühmt, bisher nur einen nichtssagenden Paragraphen 6 a Abs.4 in die Gemeindeordnung aufgenommen hat. § 6 a Abs.4 stellt lapidar fest, daß Gleichstellungsstellen in den Kommunen eingerichtet werden können. Und dies, obwohl die ASF mehr Kompetenzen für Frauenbüros fordert und ein SPD-Parteitag Akteneinsichtsrecht beschlossen hat.

Diese fehlende Verankerung wird einerseits bedauert, andererseits als Argument entgegengehalten, wenn es darum geht, die Kompetenzen der Gleichstellungsstellen in die Hauptsatzung aufzunehmen. Dies ist häufig ein Vorwand – denn gerade **die Offenheit** des § 6 a in der Gemeindeordnung NRW ermöglicht jeden politischen Spielraum, den wir in der Kommune offensiv nutzen sollten. Das erscheint mir als der politischere Weg, als sich durch die Fixierung auf die Gemeindeordnung politisch handlungsunfähig zu machen.

Denn die Gemeindeordnung wird nicht in unserem Sinne verändert werden! Darauf weisen die Aktivitäten der Landesregierung auf einer wenig spektakulären Ebene ziemlich deutlich hin: Über die Verwaltungsebene der Regierungspräsidenten gibt der Innenminister (NRW) Weisungen an die Oberstadt-/Kreisdirektoren zu ‚Fragen der Einbindung von Gleichstellungsstellen in Anwendung des § 6 a Absatz 4 GO', die unmißverständlich sind:

„Jedenfalls sind voneinander abweichende Aussagen der Frauenbeauftragten und der Kommunalaufsicht zu vermeiden." (Schreiben vom Regierungspräsidenten Detmold an die Oberkreisdirektoren im Bezirk vom 7.1.86)

Diese Verwaltungsebene hat eine ganz wichtige Funktion im politischen Kalkül. Hier wird versucht (und es gelingt auch), die Gemeinden auf eine einheitliche Landeslinie festzulegen – und hier werden auch die anderen Parteien (in diesem Falle CDU) in die gesamtpolitische Linie eingebunden.

Kurz und Knapp

Voraussetzungen, die Gleichstellungsstellen erfüllen müssen, damit sie für Grüne tragbar sind:

Stellenausschreibung

- Ausstattung mit **genügend** Stellen, mindestens zwei. Nur zwei Frauen können sich gegenseitig vertreten, sich absprechen und gegenseitig unterstützen.
  „Angesichts des Umfangs der Aufgaben einer kommunalen Gleichstellungsstelle ist es offensichtlich, daß die meisten der Stellen mit zwei bis drei Planstellen dramatisch unterausgestattet sind." (B. Stolterfoth, SPD-Beigeordnete der Stadt Kassel in: Demokratische Gemeinde 6/1985, S. 14)
- Die Stellen müssen **hoch** eingestuft sein (BAT IIa). Bei den hierarchischen Strukturen der Verwaltung ist das eine wichtige Voraussetzung für die Durchsetzungsfähigkeit der Frauen.
- Die Stellen müssen **gleich** eingestuft sein; wir wollen keine Hierarchie unter Frauen.
- **Keine** AB-Stellen!

Besetzung von Stellen

- Die Stelleninhaberinnen müssen frauenpolitisch gearbeitet haben und in der Frauenbewegung verankert sein.
- Die Zustimmung zur Einrichtung einer Gleichstellungsstelle sollte an die Bedingung geknüpft sein, daß die Grünen mindestens eine Stelle besetzen können. Nur so ist es zu erreichen, daß Feministinnen die Stelle bekommen!

Finanzausstattung

- Ein **eigener Etat** ist notwendig für Öffentlichkeitsarbeit (Infos, Faltblätter zu verschiedenen Themen, Plakate, Veranstaltungen, Vergabe von Untersuchungen (Honorarverträge), die in der Gleichstellungsstelle nicht geleistet werden können).
- Der Haushaltstitel sollte nicht nach Verwendungsbereichen aufgeteilt sein – auf diese Weise haben die Frauenbeauftragten die Möglichkeit, je nach Bedarf unterschiedliche Schwerpunkte zu setzen.

Stellung in der Verwaltungshierarchie

- **Stabsstelle** beim Oberstadtdirektor: das bedeutet eine relativ starke Stellung innerhalb der Verwaltung und direktes Vortragsrecht beim Oberstadtdirektor.
- **Nicht akzeptabel** ist die Zuordnung als Frauenreferat zu einem Amt oder Dezernat.

Aufgaben und Kompetenzen
sind untrennbar verbunden! (Dies gilt im Prinzip für alle Aufgaben). Beispiel: Die Pflicht zur **Öffentlichkeitsarbeit** ist sinnlos, wenn die Gleichstellungsstelle dies nicht **eigenständig** tun darf!

Der Zusatz: „In Zusammenarbeit mit dem Presseamt" ist unbedingt abzulehnen. Zusammenarbeit ist in der Verwaltung sowieso selbstverständlich. Der Zusatz hat nur die Funktion, eine Kontrollinstanz mehr einzubauen.

Beratungsstelle: Es ist eine wichtige Funktion der Gleichstellungsstelle, Frauen zu beraten. Diese Aufgabe muß allerdings auf bestimmte Zeiten beschränkt werden, weil sonst für nichts anderes mehr Zeit und Kraft bleibt.

Zur grundsätzlichen Bewertung von Gleichstellungsstellen

Zum Abschluß eine kurze Gegenüberstellung der wichtigsten Vor- und Nachteile.

Gleichstellungsstellen auf kommunaler Ebene können folgende Möglichkeiten bieten:

- ○ Anlauf- und Beratungsstelle parteilich für Frauen (geringere Hemmschwelle)
- ○ Größere Öffentlichkeit für Frauenbenachteiligung (Veranstaltungen, Pressearbeit, Infoblätter)
- ○ Beratung und Unterstützung von Frauenprojekten
- ○ Innerhalb der Verwaltung:
  - Irritation und Sensibilisierung
  - Einflußnahme bei Ausbildungsplatz- und Stellenvergabe, Beförderung
  - Kontrolle über Einhaltung von Quotierungsbeschluß (falls politisch beschlossen!)
  - Gestaltung von Fort- und Weiterbildungsmaßnahmen (z.B. Rhetorikkurse speziell für Frauen)
- ○ Stellen für Frauen (leider nur selten für Feministinnen)

  Zusammengefaßt: Stachel im Fleisch der Verwaltung und der Kommune insgesamt.

Andererseits stößt die Arbeit der Gleichstellungsstellen an viele Grenzen:

- ○ Bundesgesetzgebung
- ○ Interessen und Widerstände von Männern quer durch alle Parteien, von Verwaltungschefs bis hin zu Gewerkschaftsvertretern
- ○ Ihre Wirksamkeit ist abhängig von der Herausforderung, von der Kontrolle und Unterstützung durch eine lebendige Frauenbewegung.
- ○ Selbst bei bester Ausstattung mit Kompetenzen, Personal- und Finanzmitteln besteht eine Abhängigkeit
  - von der frauenpolitischen Position der Frauenbeauftragten
  - vom persönlichen Mut der Frauen, unbequem zu sein

– von politischen Mehrheiten für Frauenpolitik (z.B. Quotierung, Rekommunalisierung der Reinigungsdienste, Unterstützung von Projekten wie ProFa)

Die Einrichtung von Gleichstellungsstellen verbessert die allgemeine Situation von Frauen noch nicht. Sie schärft bestenfalls das Bewußtsein für die Probleme und verbessert die Möglichkeiten für frauenpolitische Aktivitäten. Sie bestätigen alleine durch ihre Existenz jeder einzelnen Frau, daß ihr Unbehagen nicht individuelles Versagen darstellt.

Die Forderung nach Gleichstellungsstellen bringt die Unzufriedenheit von Frauen zum Ausdruck. Es ist allerdings die Frage, ob durch die Befriedigung dieser Forderung eine Basis geschaffen wird für weitere unbequeme, grundlegende Forderungen, oder ob diese Stelle als Ersatzbefriedigung die Funktion erfüllt, dem Frauenkampf die Spitze abzubrechen.

Anmerkung

(1) aus: SPD/SGK-Fachtagung: Gleichstellungsstellen – eine sozialdemokratische Forderung wird kommunale Praxis, am 12. Januar 1985 in Essen

Quotierung – Die Voraussetzung für Chancengleichheit

Gisela Lommer

Wir wollen nur, was uns zusteht

Quotierung ist mehr als Frauenförderung

„– Wir wollen alles können dürfen, was wir wollen.
– Wir wollen dürfen können, was wir können.
– Wir wollen tun, was wir wollen in der Einschätzung unserer Möglichkeiten und Fähigkeiten, nicht nach deren Einschätzung durch ‚die Gesellschaft'.
– Wir wollen alles und wollen selbst entscheiden, was wir nicht wollen."(1)

Mit Quotierung fordern wir den Teil der Macht ein, der uns bislang verwehrt worden ist.

Wir leben heute in einer patriarchalen, kapitalistischen Gesellschaft, deren hervorstechendes Merkmal die geschlechtsspezifische Arbeitsteilung ist: Männer sind überwiegend für den Produktionsbereich, d.h. die Erwerbsarbeit, Frauen vorwiegend für den Reproduktionsbereich, d.h. für die unbezahlte Haus- und Erziehungsarbeit, die Pflege der alten und kranken Menschen zuständig. Die Zuordnung: Frau = Privatsphäre, Mann = öffentlicher Bereich bedeutet demnach, daß Frauen aus den Bereichen, wo relevante Entscheidungen fallen, sei es in der Wirtschaft oder in der Politik, systematisch ausgeschlossen werden. Diese Bereiche und das gesellschaftliche Leben überhaupt, werden weitgehend von Männern gestaltet. In Wissenschaft und Technik, in Leitungs-und Führungspositionen auf allen Ebenen finden wir nur wenige Frauen – nicht ohne Grund. Denn Leistungs- und Qualifikationsbegriffe orientieren sich ausschließlich an männlichen Lebensmustern.

„Für die Wirschaft ist eine ‚Arbeitsperson' am leistungsfähigsten, die kontinuierlich erwerbstätig sowie zeitlich und örtlich flexibel ist, die unbelastet von anderen Verpflichtungen und entlastet um die Sorge für sich selbst alle Kraft der Berufsarbeit zuwenden kann und zuwendet."(2)

Genau hier fängt die Ausgrenzung der Frauen an. Das Erwerbssystem basiert darauf, daß der erwerbstätige Mann mit seiner vollen Arbeitskraft der Produktion zur Verfügung steht, weil seine (Haus-)Frau ihn von der Erziehung der Kinder freistellt.

Kinder – Küche – Karriere?

Dennoch macht sich in den letzten Jahren ein gesellschaftlicher Wandel bemerkbar. Immer mehr Mädchen besuchen eine weiterführende Schule und/oder schließen eine Berufsausbildung ab. Beruf und Karriere bekommen für ein wachsendes Potential jüngerer Frauen einen anderen Stellenwert. 93% aller Frauen sind heute während ihres Lebens irgendwann einmal berufstätig.(3) Sie identifizieren sich nicht mehr ausschließlich über ihre Rolle als Hausfrau und Mutter. So waren 1980 47% der Mütter mit einem Kind, 37% der Mütter mit zwei Kindern und 32% der Mütter mit drei und mehr Kindern unter 15 Jahren berufstätig.(4)

Das Hausfrauendasein erfährt in unserer Gesellschaft einerseits eine ideologische Aufwertung, da es notwendig ist, um den Männern durch die von Frauen geleistete unbezahlte Arbeit im Reproduktionsbereich die Teilhabe am Erwerbsleben zu ermöglichen. Andererseits ist gesellschaftlich anerkannte Arbeit immer **bezahlte** Arbeit. Frauen suchen sich daher die Anerkennung, die ihnen zu Hause versagt wird, zunehmend im Erwerbsleben. Sie haben zudem die Erfahrung gemacht, daß die Tatsache, über ein eigenes Einkommen zu verfügen, ein Stück (ökonomische) Unabhängigkeit vom Ehe-Mann bedeutet.

Trotz veränderter Realität wird die ausschließliche Zuständigkeit der Frau für die Haus- und Erziehungsarbeit nicht grundsätzlich in Frage gestellt, oft nicht einmal von den Frauen selber. Um die Betreuung der Kinder und die Berufstätigkeit miteinander verbinden zu können, müssen Frauen häufig auf Teilzeitarbeitsplätze ausweichen. Das bedeutet: ungeschützte, ausbeuterische Arbeitsformen wie KAPOVAZ (kapazitätsorientierte, variable Arbeitszeit), Job-Sharing, Heimarbeit und 10-Stunden-(Putz-) Stellen, die nicht der Sozialversicherung unterliegen. Nicht umsonst sind 90% aller Teilzeitbeschäftigten Frauen!

Die Berufstätigkeit von Frauen ist selbstverständlich nichts Neues. Frauen waren schon immer erwerbstätig; damit die Familie über die Runden kam, mußten sie hinzuverdienen. Frauen haben aber kein **Recht** auf Arbeit, sondern gelten je nach wirtschaftlicher Lage als verfügbare Masse billiger Arbeitskräfte. In Zeiten knapper Arbeitsplätze werden sie, weil Frauen nur über ihren (Ehe-)Mann definiert werden, als Doppelverdienerinnen diskriminiert.

Die faktische Benachteiligung von Frauen im Erwerbsleben fällt ins Auge: 52,8% der Angestellten sind Frauen; 58% aller weiblichen Angestellten in der Industrie haben keine Entscheidungsbefugnis dagegen 16% der Männer. Sie sind hauptsächlich in Dienstleistungsbetrieben angestellt und auf wenige Arbeitsbereiche konzentriert.

27,7% der Arbeiter/innen sind Frauen. 90% aller Arbeiterinnen in der Industrie sind an- bzw. ungelernt. Nur 5–6% sind Facharbeiterinnen (jeder 2. Mann ist Facharbeiter). 18% der Beamt/inn/en sind Frauen. 90% der Beamtinnen bei Bundesbehörden sind im einfachen und mittleren Dienst.(5)

Die Löhne und Gehälter von Frauen und Männern weisen nach wie vor krasse Unterschiede auf. In der Industrie ist der durchschnittliche Brutto-Wochenlohn von vollzeitbeschäftigten Frauen um 41,2% geringer als der von Männern. Bei den weiblichen Angestellten in Industrie und Handel macht der durchschnittliche Bruttoverdienst nur 64,6% des durchschnittlichen Verdienstes von männlichen Angestellten aus. Noch immer wird gleichwertige Arbeit nicht gleich entlohnt. Zwar gibt es in den Tarifverträgen keine offenen Frauenlohnabschläge mehr, wie sie in den 50er Jahren noch bestanden. Nach wie vor werden jedoch von Frauen ausgeübte Tätigkeiten überwiegend in unteren Lohngruppen eingestuft.(6)

Wir empfehlen: Quotierung ...

Der Diskriminierung von Frauen auf dem Arbeitsmarkt muß gezielt entgegengewirkt werden. 1981 stellte Prof. Dr. Friauf in einem vom Bundesinnenministerium in Auftrag gegebenen Gutachten fest, daß, um die Benachteiligung von Frauen abzubauen, ein aktives Eingreifen des Staates, eine positive Förderung der Gleichberechtigung, erforderlich ist. Frauen können nicht darauf warten, daß sich durch ein verändertes Problembewußtsein auch ihre realen Chancen auf dem Arbeitsmarkt verbessern. Frauen brauchen hier und heute konkrete Maßnahmen, die ihnen eindeutig und **verbindlich** mindestens 50% der Stellen in allen Bereichen und auf allen Ebenen sichern. Das geeignetste und wirksamste Mittel, dieses Ziel zu erreichen, ist die Quotierung.

Erst die Reservierung der Hälfte der Erwerbsarbeitsplätze für Frauen (Quoten) bedeutet für sie eine konkrete Möglichkeit, die Bereiche des Erwerbsarbeitslebens zu besetzen, welche ihnen auf Grund ihrer Biographie bislang verschlossen geblieben sind.

... aber nicht alle finden das gut.

Die Quotierung der Erwerbsarbeitsplätze bedeutet allerdings selbstverständlich auch schlechtere Chancen für Männer. 1984 betrug an den Hochschulen der BRD der Frauenanteil bei den Hochschullehrer/inne/n 5,2% und im wissenschaftlichen Mittelbau 17,7%.(7) Die Hälfte der Stellen für Frauen würde im wissenschaftlichen Bereich tatsächlich ein jahrelanges Berufsverbot für Männer bedeuten – ein sehr beliebtes Argument gegen die Quotierung. Aber: Niemand beklagte bisher das faktische Berufsverbot für Frauen!

Der männliche Protest ist veständlich: Mit der Quotierung ist die Männerwelt nicht mehr in Ordnung. Sie bekommen Konkurrenz um die knapper werdenden Erwerbsarbeitsplätze. Selbst Frauen haben Vorbehalte gegen Quotierung: Sie wollen aus ‚eigener' Kraft und auf Grund ‚eigener' Leistung eine bestimmte Stelle oder Position erhalten. Quotierung heißt aber nicht, daß eine Frau ohne Ausbildung plötzlich zur Firmenchefin avanciert. Den Kritikerinnen muß entgegengehalten werden, daß das Leistungsprinzip bisher nicht unbedingt gilt.

So müssen sich Mädchen trotz besserer Schulabschlüsse öfter um einen Ausbildungsplatz bewerben als männliche Jugendliche. Auch 1986 sind wieder 2/3 aller Jugendlichen ohne Ausbildungsplatz Mädchen.(8) Die Benachteiligung der Mädchen und Frauen auf dem Arbeitsmarkt hat nichts mit mangelnder Qualifikation zu tun. Bei gleicher Qualifikation wird häufig ein Mann vorgezogen, und durch Männerquoten im Einstellungs- und Ausbildungsbereich werden sogar Männer mit geringerer Qualifikation bevorzugt. (Vgl. auch den Kommentar: „Die Frauenquote, die Männerquote und das Grundgesetz", in diesem Kapitel)

Während Männerquoten ganz selbstverständlich akzeptiert werden, wird gegen Frauenquoten eingewandt, daß sie gegen das Grundgesetz verstößen. Der juristische Streit entfacht sich u.a. an der Frage, ob das aktive Eingreifen des Staates im Sinne der Quotierung die Diskriminierung von Männern bedeutet (und somit einen Verstoß gegen das Grundgesetz), oder aber im Gegenteil staatliches Handeln in diesem Sinne geboten ist, um Gleichberechtigung überhaupt erst herzustellen. (Hierzu ausführlicher der Artikel: „Quotierung – Ein verfassungswidriger Frauenvorteil?", in diesem Kapitel)

Frau wird den Eindruck nicht los, daß die juristischen Spitzfindigkeiten dazu genutzt werden, dem politisch gewachsenen Druck den Wind aus den Segeln zu nehmen und die Forderung nach Quotierung in ‚geordnete' Bahnen zu lenken.

Frauenförderungskonzepte und Quotierung sind nicht dasselbe

Der Benachteiligung von Frauen entgegenzuwirken ist dennoch mittlerweile erklärtes Ziel aller Parteien. Über die hierzu geeigneten Maßnahmen, das Ausmaß der angestrebten Veränderungen sowie über die Zeiträume, innerhalb derer diese stattfinden sollen, bestehen allerdings sehr unterschiedliche Vorstellungen. Die SPD setzt dabei auf ‚Frauenförderpläne' oder ‚Frauenförderungskonzepte'!

Das erste Konzept dieser Art wurde in Hamburg entwickelt. Am 1.1.1984 traten die „Richtlinien zur Förderung von Frauen im öffentlichen Dienst" in Kraft. Dort heißt es u.a.:

„Bei der Besetzung von höherwertigen Stellen sind Frauen – bei ***gleicher Qualifikation"*** *wie ihre Mitbewerber – in jeder Dienststelle so zu berücksichtigen, daß sie in allen Besoldungs-, Vergütungs- und Lohngruppen* ***entsprechend ihrem Anteil an der jeweiligen Funktionsgruppe vertreten sind****. Bei Neueinstellungen sind weibliche Bewerberinnen bei gleicher Qualifikation wie ihre männlichen Mitbewerber in jeder Dienststelle (...) so zu berücksichtigen, daß die* ***Überrepräsentation*** *von Männern* ***abgebaut*** *wird."*(9) (Hervorhebungen v. d. Autorin)

Die wenig später, am 9.10.1984, beschlossenen Richtlinien für die Hansestadt Bremen sind ähnlich abgefaßt und heben verstärkt auf die Fortbildung und Motivation der Frauen ab. Im Ausbildungsbereich heißt es dort: *„Bei Auszubildenden sind männliche und weibliche Bewerber zu gleichen Teilen zu berücksichtigen."* (10)

Das Frauenförderungskonzept der Landesregierung NRW, beschlossen am 30.4.1985, gibt zum ersten Mal so etwas wie einen Zeitplan vor. Die weiblichen Bewerberinnen sind so zu berücksichtigen, daß sie in „angemessenem Zeitraum" entsprechend ihrem Anteil in der jeweiligen Laufbahngruppe vertreten sind.(11)

Kritisch zu hinterfragen bleibt, ob mit diesen Ansätzen nicht lediglich eine neue Form der politischen Absichtserklärungen erreicht worden ist, Gleichberechtigung herstellen zu wollen, ohne dafür ausreichende Instrumentarien bereitzustellen. Zu dieser Befürchtung geben vage Formulierungen wie „sollten“, „in angemessenem Zeitraum“ und „bis die Überrepräsentation abgebaut ist“ Anlaß.

Die Richtlinien haben auch nicht etwa zum Ziel, den Frauenanteil auf mindestens 50% zu erhöhen, denn es soll nur die „Überrepräsentation von Männern abgebaut“ werden (Hamburg). Die Besetzung in den höheren Funktionsgruppen, wo Frauen erheblich in der Minderheit sind, sollen nur „entsprechend ihrem Anteil an der jeweiligen Funktionsgruppe/Laufbahn bzw. Vergütungsgruppe“ (Hamburg/NRW) vorgenommen werden. Damit haben wir die Festschreibung des Status Quo, also die Festschreibung der Unterrepräsentation von Frauen in den höheren Etagen. Frauen können sich zwar nicht verschlechtern, aber auch ihren Anteil nicht erhöhen. Diese Form der Quotierung läßt Männern alle Chancen offen!

Frauenförderungskonzepte wurden entwickelt, um den gesellschaftlich gestiegenen Druck zu **kanalisieren**. Mit Frauenförderungskonzepten macht Mann Politik wie bisher, nur etwas frauenfreundlicher verpackt, denn es wird ja etwas „getan“ für Frauen.

Einige Regelungen und Ansatzpunkte von Frauenförderungskonzepten sind durchaus sinnvoll, wie die Schaffung von Angeboten zur Weiterbildung/Fortbildung von Frauen, um sie für höherwertige Stellen zu qualifizieren bzw. ihre Wiedereingliederung in das Berufsleben zu ermöglichen.

Aber es reicht eben nicht, Frauen „verstärkt zu motivieren“, sich auf eine höherwertige Stelle zu bewerben, wenn sie gleichzeitig wenig Chancen auf solche Stellen haben. So gibt es bereits jetzt negative Erfahrungen mit diesen Frauenförderungsplänen. Die Entscheidung, ob und wann zwei Bewerber/innen gleich oder noch nicht ganz gleich qualifiziert sind, unterliegt einem gewissen – subjektiven – Spielraum. Faktisch muß die Frau in der Regel wesentlich höher qualifiziert sein als der Mann.(12)

Quotierung meint mehr ...

Die SPD-Politik zielt auf die **Gleichstellung** der Frauen im Erwerbsleben ab. Grüne Quotierungspolitik meint mehr: Auch wenn durch Quotierung der Reproduktionssektor nur mittelbar berührt wird, meint Grüne Quotierungspolitik nicht nur die Reservierung von Arbeitsplätzen. „Für uns heißt Quotierung auch ganz grundsätzlich die Aufteilung aller gesellschaftlich notwendigen Arbeit. Damit meinen wir, daß in die Umverteilung der Arbeit auch natürlich die bisher völlig unbezahlte und angeblich unwichtige Arbeit der Hausarbeit und der Kindererziehung mit einbezogen werden soll.“(13)

Quotierungsregelungen, die die ‚andere Seite‘ des Frauenlebens nicht berücksichtigen, sind Pseudo-Gleichstellungsmaßnahmen. Frauen, die auch heute noch überwiegend für die Hausarbeit und die Betreuung der Kinder zuständig sind und deshalb zeitweise aus dem Berufsleben ausscheiden, oder die, um Beruf und Kinderbetreuung miteinander verbinden zu können, Teilzeit arbeiten, werden nicht den ‚herkömmlichen' Qualifikationskriterien genügen. ‚Familiäre' Tätigkeiten müssen berücksichtigt werden bei Beförderungen, Höhergruppierungen, etc. Teilzeitarbeit ist nicht die erstrebenswerte Lösung. Die Forderung nach der radikalen Arbeitszeitverkürzung auf 30 Stunden in der Woche gehört hier ebenso hin wie die Forderung nach ausreichenden Kindertagesstätten und Ganztagsschulen mit Öffnungszeiten von 7.00 bis 19.00 Uhr.

Um Frauen den gleichen Zugang zu allen Bereichen zu gewährleisten, sind u.a. auch bestehende Gesetze daraufhin zu überprüfen, ob sie Frauen von der Teilnahme am Erwerbsleben ausschließen. So gibt es zum Beispiel im Öffentlichen Dienst die Einstellungsgrenze von 32 Jahren. Die Arbeitsschutzbestimmungen sind neu zu überprüfen. Zwar ist zuzugeben, daß die Tätigkeiten, vor denen sie Frauen ‚schützen', oftmals mit großen physischen bzw. psychischen Belastungen verbunden sind. Doch ist nicht einsichtig, warum diese Belastungen nur für Frauen schädliche Wirkung haben sollen. Sämtliche Arbeitsschutzbestimmungen sind daher daraufhin zu überprüfen, inwieweit die Ausführung bestimmter Tätigkeiten tatsächlich die spezielle Konstitution der Frauen erheblich beeinträchtigt, oder ob sie nicht generell wegen ihrer gesundheitsgefährdenden Wirkung für Frauen **und** Männer verboten werden müssen.

Der Druck auf Männer wird sich verstärken, wenn Frauen uneingeschränkt Zugang zum Erwerbsbereich haben. Finanziell unabhängige Frauen wagen eher den Konflikt zu Hause; das Wickeln des Babys und das Waschen schmutziger Wäsche wird dann vielleicht nicht mehr ausschließlich die Domäne der Frau sein. Wird die ‚Familie' (gemeint ist hier das Leben mit Kindern) verstärkt in die Gestaltung des Arbeitsplatzes einbezogen oder werden Zeiten der Kindererziehung selbstverständlich anerkannt, so werden auch Männer den Mut haben, sich **diese**, von ihnen bisher gemiedenen Bereiche zu erobern.

Quotierung im **Öffentlichen Dienst** läßt sich schon heute realisieren, auch nach unseren Vorstellungen. Hierzu ist allerdings der **politische Wille** und ein **politischer Beschluß** notwendig, im Rat, im Landtag, im Bundestag.

Für Quotierung im **privatwirtschaftlichen Bereich** müßten erst die gesetzlichen Voraussetzungen geschaffen werden. Dies ist v.a. Ziel des Antidiskriminierungsgesetzes (ADG), das die GRÜNEN im Bundestag eingebracht haben.(14)

Anmerkungen

(1) „Macht, Ohn-Macht, Frauenmacht", Dokumentation einer Ringvorlesung des Autonomen Frauenreferats des AStA der TU Berlin, Sommer 1985.

(2) Heide Pfarr: Herausforderung und Konsequenz von Frauen-Förderplänen; in: Quotierung – Reizwort oder Lösung? Expertenanhörung der Hessischen Landesregierung am 2. Mai 1985, Wortprotokoll, Wiesbaden 1985, S. 18

(3) WSI-Mitteilungen, Düsseldorf, 1/84, S. 11

(4) Institut für Arbeitsmarkt- und Berufsforschung der Bundesanstalt für Arbeit (Hrsg.): Frauen und Arbeitsmarkt, Quintessenzen aus der Arbeitsmarkt- und Berufsforschung, Nürnberg 1984, S. 9

(5) Landes-Frauen-Arbeitskreis der GRÜNEN Baden-Württemberg (Hrsg.): Reader der GRÜNEN Frauen Baden-Württemberg, Stuttgart 1984, S. 9
(6) ADG, 1. Fassung, Bonn 1985, S. 12
(7) Zitiert nach Bärbel Meurer, unveröffentlichtes Manuskript, Bielefeld 1986
(8) „Die Zeit“ vom 24.10.1986
(9) Herta Däubler-Gmelin, Heide Pfarr, Marianne Weg (Hrsg.): Mehr als nur gleicher Lohn, Hamburg, 1985, S. 193
(10) ebenda, S. 193
(11) ebenda, S. 198 ff.
(12) Heide Pfarr, a.a.O., S. 15 ff.
(13) Helga Krieger in Emma 7/86, S. 29
(14) Bundestags-Drucksache 10/6137

AK Wissenschaftlerinnen NRW

Quotierung – ein verfassungswidriger Frauenvorteil?

Insbesondere sind es verfassungsrechtliche Bedenken, die gegen die Quotierungsforderungen vorgetragen werden. Diese lassen sich auf zwei Argumente reduzieren, nämlich
- Quotierungen schaffen einen ungerechtfertigten Frauenvorteil und verstoßen damit gegen Art. 3 Abs. 2 und 3 des Grundgesetzes
- Quotierungen schränken in unzulässiger Weise die verfassungsrechtlich garantierte Handlungsfreiheit des Arbeitgebers bzw. den Entscheidungsspielraum der Einstellungsbehörde ein.

Zur Begründung heißt es, daß Art. 3 Abs. 2 und 3 des Grundgesetzes mit den Grundsätzen der Gleichberechtigung von Männern und Frauen und dem Verbot der Bevorzugung wegen der Geschlechtszugehörigkeit solche Regelungen untersagen, durch die Frauen insgesamt begünstigt würden, sofern diese Begünstigungen nicht in biologischen Gegebenheiten (z.B. Mutterschaft) ihre Rechtfertigung fänden. Zwar sei die Gleichstellung noch keineswegs überall voll verwirklicht. Ihre Verwirklichung könne und dürfe jedoch nur dadurch angegangen werden, daß die Ausbildung der Mädchen und Frauen verbessert würde, nicht jedoch dadurch, daß der weiblichen Bevölkerung insgesamt ein prozentualer Anteil an allen Berufen und öffentlichen Ämtern zugestanden werde.

Darüber hinaus hätten Quotierungen zur Folge, daß der private Arbeitgeber in seinem Grundrecht auf allgemeine Handlungsfreiheit (Art. 2 Abs. 1 GG), in seinem Eigentumsrecht (Art. 14 GG) sowie in seiner unternehmerischen Berufsfreiheit (Art. 11 GG) verletzt werde, wenn er sich seine Arbeitskräfte nicht mehr frei aussuchen dürfe, sondern gezwungen werde, auch gegen seinen Willen einen Arbeitsvertrag mit einer Frau abzuschließen.

Allgemein auf den öffentlichen Dienst bezogen bedeute Quotierung eine unangemessene Einschränkung des Entscheidungsspielraums der Einstellungsbehörde, die sich gemäß Art. 33 Abs. 2 GG nur an Eignung, fachlicher Leistung und Befähigung zu orientieren habe. Speziell für den Hochschulbereich seien Quotierungen unangebracht, da es mit dem gesetzlichen Auftrag der Hochschulen, nämlich Pflege und Entwicklung der Wissenschaft, unvereinbar sei, wenn bei der Einstellung des wissenschaftlichen Personals die Geschlechtszugehörigkeit berücksichtigt werden müsse.

Diese Argumente und ihre Begründungen halten einer Überprüfung nicht stand

Die oben wiedergegebene Interpretation des Art. 3 des Grundgesetzes ist insoweit richtig, als der Gleichberechtigungsgrundsatz in Verbindung mit dem Sozialstaatsprinzip die Verpflichtung der staatlichen Gemeinschaft in sich faßt, Maßnahmen zu seiner Verwirklichung zu ergreifen. Dabei kommt dem Bildungs- und Ausbildungssektor besondere Bedeutung zu, denn solange Mädchen und Frauen mehrheitlich schlechter ausgebildet werden mit allen sich daraus ergebenden Konsequenzen, kann von Gleichberechtigung ohnehin keine Rede sein.

Es stellt sich jedoch die Frage, ob dem Verfassungsauftrag damit Genüge getan wäre. Im Kommentar zum Bonner Grundgesetz von Maunz-Dürig-Herzog wird diese Fragestellung aufgegriffen und in aller Deutlichkeit beantwortet. Die Kommentarstelle sei deshalb wörtlich zitiert (Art. 3 Abs. 2 GG, Rdnr. 53):

„Um Art. 3 Abs. 2 zu erfüllen, war es zunächst gute Praxis, daß bei der Kandidatenaufstellung auf jeden Fall ein fester Prozentsatz den Frauen vorbehalten wurde. Dieses Reservat galt dann plötzlich ... als ungerechtfertigter Frauenvorteil. Nach Wegfall dieses Begünstigungsproporzes wird die Frau im Wege der Kandidatenaufstellung von den männlichen Mitbewerbern nun schonungslos hemdsärmelig und bar jeder ‚Courtoisie' in die Mangel genommen. In diesem gnadenlosen Vorwahlgang können nur wenige Frauen mithalten. Endergebnis: im Zeichen des Art. 3 Abs. 2 GG sitzen Jahr für Jahr weniger weibliche Abgeordnete in den Parlamenten. So etwas war sicher nicht im Sinne des Erfinders des Art. 3 Abs. 2. Was hier an einem Einzelfall verdeutlicht wurde, läßt sich beliebig durch Beispiele vermehren."

Das Beispiel zeigt, wo Quotierungen greifen können und sollen, nämlich im Verfahren der Auswahl zwischen Männern und Frauen, wenn es um die Besetzung von qualifizierten Arbeitsplätzen oder Funktionen geht. Denn alleine gleiche Ausgangsbedingungen für Frauen und Männer, d.h. gleiche Ausbildung, Eignung, fachliche Leistung sind weder in der Politik noch in der Wissenschaft oder vergleichbaren Positionen ein Garant für die angemessene Repräsentation von Frauen, weil in dem „freien Spiel der Kräfte" Mechanismen = Diskriminierung = männliche Hemdsärmeligkeit wirksam werden, durch die Frauen eine sachlich nicht zu rechtfertigende Behinderung erfahren.

Es stellt deshalb die Wirklichkeit auf den Kopf, wenn Quotierungen als verfassungswidriger Frauenvorteil desavouiert werden, obgleich damit lediglich der unsachlichen Benachteiligung von Frauen gegengesteuert werden soll.

Eine Analyse der einschlägigen Artikel des Grundgesetzes zeigt überdies, daß Quotierungen nicht nur mit Art. 3 des Grundgesetzes vereinbar sind, d.h. dem Gleichberechtigungsgrundsatz nicht zuwiderlaufen, sondern daß sie darüber hinaus verfassungsrechtlich geboten sind:

Der Grundsatz des Art. 3 Abs. 2 GG, der die Gleichberechtigung von Männern und Frauen feststellt, wird ergänzt durch Art. 3 Abs. 3, welcher eine Benachteiligung oder Bevorzugung wegen der Geschlechtszugehörigkeit verbietet. In diesem Kontext gewinnt auch Art. 2 Abs. 1 des Grundgesetzes, der das Recht auf freie Entfaltung der Persönlichkeit garantiert, besondere Bedeutung, ebenso wie Art. 33 Abs. 2, welcher jedem Deutschen nach Eignung, Befähigung und fachlicher Leistung gleichen Zugang zu jedem öffentlichen Amt gewährleistet.

Dieser Grundrechtskatalog intendiert eine Gesellschaft, in der Frauen wie Männer in allen relevanten Bereichen gleichermaßen repräsentiert sind. Dies ergibt sich nicht nur aus der historischen Interpretation des Gleichberechtigungsgrundsatzes als Reaktion auf die Forderungen der Frauenbewegung(1) und auf die offene Diskriminierung der Frauen im Nationalsozialismus, sondern auch aus der Einbeziehung des Art. 2 Abs. 1 des Grundgesetzes, wonach jedem das Recht auf freie Entfaltung der Persönlichkeit verbürgt wird.

Es entspricht traditioneller Verfassungsinterpretation, daß aus diesem „Hauptfreiheitsrecht" das Recht auf gleiche Entfaltungsmöglichkeit für alle Grundrechtsträger fließt(1). Bei einer synoptischen Einbeziehung des Diskriminierungsverbots folgt, daß nicht nur eine Benachteiligung der Frauen wegen ihrer Geschlechtszugehörigkeit unzulässig ist, sondern der einzelnen Frau und den Frauen insgesamt in gleicher Weise Selbstverwirklichung verbürgt ist wie den Männern. Selbstverwirklichung und fremdbestimmte Festlegung auf bestimmte Arbeitsbereiche (Haushalt – untergeordnete Erwerbstätigkeit) schließen sich aus. Gleiches Recht auf Selbstverwirklichung heißt also: keine von Männern dominierte Gesellschaft, sondern eine Gesellschaft, die von Männern und Frauen gleichermaßen geprägt ist. Betrachtet man/frau die Realität, so ist festzustellen, daß der Einfluß der Frauen überall dort, wo gesellschaftsbestimmende Funktionen ausgeübt werden, verschwindend gering ist. Verfassungsnorm und Verfassungswirklichkeit stimmen nicht überein, weil die sozialgestaltete Funktion des Gleichberechtigungsgebots leerläuft und zwangsläufig leerlaufen muß, wenn darauf vertraut wird, daß es sich von selbst realisiere, eine Annahme, die angesichts der jahrhundertelangen offenen Unterdrückung und Benachteiligung der Frauen und des dadurch geprägten herrschenden Bewußtseins utopisch ist. Zwar dürfte es heute seltener sein, daß Diskriminierung unverhohlen zutage tritt; es ändert sich aber an der Sache nichts, wenn sich die Benachteiligung hinter „sachlichen" Argumenten verbirgt.

Dieser verfassungswidrigen Praxis muß gegengesteuert werden auf das Ziel der gleichmäßigen Beteiligung hin. Quotierungen entsprechend dem Bevölkerungsanteil sind in diesem Zusammenhang lediglich die Konkretisierung des von der Verfassung vorgegebenen Ziels, d.h. also kein Frauenvorteil, sondern die Zielvorgabe zur Sicherung des verfassungsmäßig garantierten Frauenanteils.

Das Argument der unzulässigen Beschränkung der verfassungsrechtlich garantierten unternehmerischen Handlungsfreiheit bzw. seiner Eigentümerbefugnisse kann kürzer abgehandelt werden. Richtig ist es, daß zwischen diesen Rechten und dem Gleichberechtigungsgebot ein Spannungsverhältnis besteht. Während jedoch die Handlungsfreiheit gemäß Art. 2 Abs. 1 GG nur insoweit besteht, als nicht Rechte anderer beeinträchtigt werden und das Eigentumsrecht der Sozialbindung unterliegt, gilt das Diskriminierungsverbot absolut, so daß also kein Zweifel daran bestehen kann, daß das Diskriminierungsverbot die anderen Grundrechte begrenzt.

Auch die Einschränkung der Entscheidungsfreiheit der öffentlichen Dienstherren, welche durch Quotierungen fraglos bewirkt würde, ist rechtlich irrelevant, denn die Forderung nach Quotenvorgaben für Frauen besagt gerade nicht, daß von den Kriterien Eignung, fachliche Leistung und Befähigung für Frauen abgerückt werden soll. Es soll im Gegenteil gewährleistet werden, daß diese, aber auch nur diese Kriterien entscheidend sind, auch für Frauen.

Die Gegner der Quotierungsforderung seien noch auf §15 Abs. 2 des Betriebsverfassungsgesetzes hingewiesen; der bestimmt, daß im Betriebsrat „die Geschlechter entsprechend ihrem zahlenmäßigen Verhältnis“ vertreten sein sollen. Sowenig wie also die Quotierung entsprechend dem Bevölkerungsanteil verfassungswidrig ist, sowenig ist sie auch dem einfachen Gesetzgeber fremd. Allerdings zeigt die Realität den Betriebsräten, daß es nicht genügen kann, Quotierungen gesetzlich zu verankern, sondern daß es entscheidend darauf ankommt, die effektive Durchsetzung abzusichern.

Entnommen aus dem: Memorandum des AK der Wissenschaftlerinnen NRW, 1981

Anmerkung:

(1) Vgl. Maunz-Dürig-Herzog, Kommentar zum Grundgesetz, Art. 2 Abs. 1, Rdnr. 2

Elke Steg/Inga Jesinghaus

Die Frauenquote, die Männerquote und das Grundgesetz – ein Kommentar

Quoten verstoßen gegen den Gleichheitsgrundsatz des Grundgesetzes. Dieses Argument wird von Quotengegnern unweigerlich bei Diskussionen immer wieder auf den Tisch gelegt.

Nun – es ist erstaunlich, daß sich die Gemüter hauptsächlich dann erhitzen, wenn Quoten für Frauen im Gespräch sind. Denn informell gibt es sie ja schon lange, die Quoten. Quoten für Männer nämlich. Da wird bei Neueinstellungen und Auswahlverfahren in Betrieben, aber auch im Öffentlichen Dienst vorher festgelegt, welcher prozentuale Männeranteil auf keinen Fall unterschritten werden darf. Und dann wird ausgewählt – ohne Rücksicht auf Qualifikation:

- 1981 faßte der Personalausschuß der Stadt Fürth in Mittelfranken den Beschluß, 10 männliche und 9 weibliche Nachwuchskräfte für den mittleren Verwaltungsdienst einzustellen, wobei besser befähigte Bewerberinnen hinter weniger befähigten Bewerbern hätten zurücktreten müssen.
- Eine Bewerberin für den Ausbildungsgang Sozialversicherungsangestellte erhielt die Absage mit der Begründung, daß von der Hauptverwaltung die Auflage erteilt worden sei, in diesem Jahr nur männliche Auszubildende einzustellen ...
- In der Hamburger Polizei werden für den Polizei-Vollzugsdienst sowohl Frauen wie Männer zur Ausbildung eingestellt. Dabei wird eine Quote für Frauen festgelegt, die auch bei mehr qualifizierten Bewerberinnen nicht überschritten werden darf.

(Beispiele aus einem Vortrag von Heide Pfarr bei einer Expert/inn/enanhörung der Hessischen Landesregierung am 2. Mai 1985)

Was also hat es mit den Quoten und der Qualifikation auf sich? Einerseits wird immer wieder scheinheilig beklagt, daß es leider nicht genügend qualifizierte Frauen für Leitungs- und Führungspositionen gäbe, andererseits werden offensichtlich minderqualifizierte Männer den Frauen mit besserer Qualifikation vorgezogen, damit die Quote – die Männerquote – erfüllt wird. Der Verdacht drängt sich geradezu auf, daß der Qualifikationsbegriff immer gerade so definiert wird, wie es den Herren zur Zeit am besten in den Kram paßt.

Nehmen wir z.B. den Ausbildungsbereich. Mädchen haben in der Regel die besseren Schulabschlüsse. Wären Noten ausschließliches Auswahlkriterium müßten weit über die Hälfte der Ausbildungsplätze mit Mädchen besetzt werden. Daß dies nicht so ist, beweisen die Statistiken über Jugendarbeitslosigkeit hinreichend: ca. 2/3 der Jugendlichen ohne Lehrstelle sind Mädchen. Dazu eine Unternehmerin in einem Interview der Zeitschrift EMMA:
U.: „... Da ist es heute soweit, daß wir, wenn wir nach Testverfahren vorgehen, eigentlich nur Mädchen nehmen müßten, dann hätten wir 100%."

EMMA: „Was heißt das eigentlich, Sie nehmen also nicht die besten, Sie nehmen die schlechteren Jungs dazu?"
U.: „Wir sind ja für Gleichberechtigung, wir müssen auch den Männern eine Chance lassen." (EMMA, 7/86: 28)

Also auch hier die Männerquote. Konsequent weitergedacht heißt eine 50-50 Quote im Ausbildungsbereich eigentlich eine Quote zugunsten der Jungen/Männer, denn formal stehen den Mädchen/Frauen mehr als die Hälfte der Arbeitsplätze zu. Also Vorsicht!!

Was aber steckt hinter dem krampfhaften Festhalten an der Männerquote? Mit ihren besseren Abschlüssen würden Mädchen – vorausgesetzt, Ausbildungsplätze und Stellen werden nach formalen Qualifikationen, also Noten und Zensuren, vergeben und nicht nach Geschlechtsmerkmalen – sehr bald die Mehrheit in bestimmten Berufszweigen darstellen, und das könnte zu einem erheblichen Problem werden – für die Männer!

Und wenn Männer ihre Pfründe bedroht sehen, kommen sie schon auf geniale Ideen. So äußerten jüngst die Präsidenten bundesdeutscher Oberlandesgerichte (selbstverständlich in geheimer Sitzung) ihre Befürchtung, daß sich immer mehr Frauen in das Richteramt drängen könnten. Denn dummerweise sind unter den Kandidat/inn/en, die die Eingangsvoraussetzung für den Eintritt in das Richteramt erfüllen, überproportional Frauen vertreten. Um eine ‚Übernahme des Justizbereiches' durch Frauen zu verhindern, seien zwei Möglichkeiten denkbar: mildere Bewertung männlicher Prüflinge, damit sie die Eingangsqualifikation erfüllen, oder aber Abänderung der Eingangsvoraussetzungen, damit mehr Männer sie erfüllen können. (Vgl. dazu: EMMA, Nr. 3/86: 30)

Unsere Frage an die Herren Richter: Wie ist es denn nur möglich, daß Männerquoten guten Gewissens mit dem Grundgesetz vereinbar sind, Frauenquoten aber dagegen verstoßen sollen?

Helga Krieger

Wir warten nicht auf bessere Zeiten

Quotierung im Öffentlichen Dienst – das Beispiel Bielefeld

Erster Ansatzpunkt für die Realisierung von Quotierung ist der Öffentliche Dienst. Ihm kommt Vorbildfunktion zu. Denn zur Einführung von Quotenregelungen in der Privatwirtschaft müßten erst die rechtlichen Voraussetzungen geschaffen werden, z.B. die Ergänzung des EG-Anpassungsgesetzes oder besser noch ein Antidiskriminierungsgesetz.

Dagegen kann für den Öffentlichen Dienst die Quotierung durch einen politischen Beschluß realisiert werden, zumal der Gleichheitsgrundsatz in Art. 3 des Grundgesetzes eine Verpflichtung für den Staat darstellt, die Gleichberechtigung der Frau durch wirksame Maßnahmen („positive Diskriminierung") voranzutreiben. Nichts ist also naheliegender, als auch auf kommunaler Ebene diese Forderung zum Thema zu machen.

Vor der Formulierung eines Antrags ist es jedoch notwendig, anhand der Personalstatistik die konkrete Situation der Kommune zu überprüfen: Wieviel Frauen sind unter den Beschäftigten im Öffentlichen Dienst, wo und was arbeiten sie? Im folgenden das Fallbeispiel Bielefeld:

Auf den ersten Blick verblüffend. Im Öffentlichen Dienst arbeiten mehr Frauen als Männer. Auf den zweiten Blick Ernüchterung. Von den Vollzeitbeschäftigten sind nur 41,2% Frauen. Teilzeitbeschäftigte dagegen sind zu 98% weiblich! Dann wird es ärgerniserregend eindeutig! Frauen arbeiten auch bei der Stadt ganz überwiegend in den traditionell weiblichen Bereichen und auf unteren Ebenen, die schlechter bezahlt sind und schlechtere Aufstiegschancen bieten. Ein Beispiel dafür sind die städtischen Krankenanstalten, in denen von 608 Beschäftigten nur 25 Männer sind. Auch der Beamtenbereich stellt ganz klar eine Pyramide dar, an deren Spitze (im Höheren Dienst) sich nur noch 9 Frauen finden gegenüber 137 Männern. Und dann wird die geschlechtsspezifische Aufteilung vollends deutlich: Von den 44 Ämtern werden nur 3 von einer Frau geleitet.

Selbst im Bereich soziale Sicherung mit hohem Frauenanteil sind die Verhältnisse klar. Männer entwickeln die Konzepte, Frauen führen aus.

Diese Gegebenheiten müssen bei einer Quotierungsformulierung sorgfältig berücksichtigt werden. Quotierung heißt jetzt, bevorzugte Einstellung von Frauen in den **Bereichen**, in denen sie **unterrepräsentiert** sind. Quotierung darf nicht bewirken, daß Frauen verdrängt werden aus Bereichen, in denen sie überrepräsentiert sind. Aber es muß noch genauer eingeengt werden, denn was sind „Bereiche"? Also: „Auf allen Ebenen und jeder Vergütungsgruppe **innerhalb eines Amtes**". Der hohe Frauenanteil des Sozialamtes darf nicht aufgerechnet werden gegen die Männerdomäne im Planungsamt. Weitere Problempunkte müssen beachtet werden:

Die Qualifikation

In den schon bestehenden Quotierungsbeschlüssen anderer Kommunen ist die bevorzugte Einstellung von Frauen immer mit der Anforderung „mit gleicher Qualifikation" verknüpft.

Realität ist nun, daß Frauen häufig nicht nur gleich, sondern sogar besser qualifiziert sind (z.B. bessere Schulabschlüsse haben) und trotzdem nicht in bestimmte Positionen gelangen. Der Qualifikationsbegriff ist weit auslegbar und kann daher leicht zur Ausschaltung von Frauen mißbraucht werden.

Deshalb haben wir das Einstellungskriterium auf die **formal notwendige Eingangsvoraussetzung** beschränkt (Berufsabschluß, Examen). Und zwar im vollen Bewußtsein, daß dies nach herrschender juristischer Meinung gegen Art. 33 Grundgesetz verstößt. Dort steht nämlich geschrieben, daß beim Zugang zu öffentlichen Ämtern **nur** Eignung, Befähigung und fachliche Leistung die Auswahlkriterien bilden dürfen. Wir sind im Gegensatz dazu der Meinung, daß der Artikel 33 einen Anspruch nach objektiver – d.h. auch geschlechtsneutraler – Vergabe von Stellen darstellt, der bis heute nicht im Entferntesten eingelöst ist (siehe Anteil der Frauen in Forschung und Lehre und allgemein in höheren Positionen).

Das heißt, unser Mißtrauen in die Scheinobjektivität der Begriffe, und wie mit ihnen umgegangen wird, ist so groß, daß wir uns nicht darauf einlassen können. Unsere Formulierung „bei Erfüllung der formal notwendigen Qualifikation" versucht den Interpretationsspielraum einzuengen und Auswahlentscheidungen damit überprüfbar zu machen. Vor allem wird damit die Frage der Berufs- und Lebenserfahrung, die im Normalfall Teilaspekt der Qualifikation ist, zunächst abgekoppelt, und dann sind wir beim Punkt:

Berücksichtigung von familiärer Tätigkeit

Aufgrund der geschlechtsspezifischen Arbeitsteilung können Frauen häufig keine kontinuierliche Berufstätigkeit nachweisen. Dies bewirkt automatisch ihre Benachteiligung bei Bewerbungen und ist sicher **ein** wesentlicher Grund dafür, daß Frauen so selten in höheren Positionen zu finden sind. Es ist aber nicht ersichtlich, weshalb 10 Jahre Schreibtischtätigkeit mehr wert sein sollen als der Erfahrungshintergrund, der aus dem Aufziehen von Kindern oder der Pflege von Angehörigen erwächst.

Um diesem Aspekt gerecht zu werden, haben wir die **familiäre Tätigkeit** als ein **zusätzlich zu berücksichtigendes Kriterium** neben der formalen beruflichen Qualifikation in unseren Antrag mitaufgenommen. (Im Öffentlichen Dienst in Schweden werden übrigens schon seit 1978 – nach Einführung des Elternurlaubes – Zeiten der Kindererziehung berücksichtigt.)

Ausbildung

Die Vergabe von Ausbildungsplätzen hat Schlüsselfunktion. Nur wenn genügend Frauen in allen Bereichen ausgebildet werden, kann langfristig auch in den Bereichen, die heute noch reine Männerdomänen sind, eine Parität erreicht werden. Der Konzentration der Mädchen auf frauentypische Berufe kann entgegengewirkt werden.

Ausschreibung

Geschlechtsneutrale Stellenausschreibung ist mit § 611 b im EG-Anpassungsgesetz vom 11. 8. 80 selbstverständlich geboten. Deshalb muß die Regelung nicht eigens in den Antrag aufgenommen werden. Die geschlechtsneutrale Stellungsausschreibung allein genügt nicht. Um Frauen ausdrücklich anzusprechen und zu ermutigen, ist der **Zusatz** notwendig, daß „Frauen bevorzugt eingestellt werden". Das ist gleichbedeutend mit der Bekanntgabe, daß es den Quotierungsbeschluß gibt.

Kontrolle

Es ist klar, daß der schönste Beschluß nichts nützt, wenn er nicht umgesetzt wird. Dafür ist Kontrolle unbedingt notwendig. Ein schriftlicher Bericht, den die einstellende Behörde vorlegen muß, wenn sie vom Beschluß abweicht, stellt schon eine Art Selbstkontrolle dar, die durch die Stellungnahme der Gleichstellungsstelle noch verstärkt wird. Überhaupt ist die Realisierung von Quotierung ohne kommunale Gleichstellungsstelle schwer vorstellbar, denn im Normalfall werden weder die Verwaltung noch der Personalrat die Frauenförderung zu **ihrer Sache** machen.

Zum rechtlichen Hintergrund des Beschlusses

Im Grundgesetz steht: „Niemand darf wegen seines Geschlechts benachteiligt werden." De facto werden aber Frauen benachteiligt, wie man/frau leicht anhand von Arbeitslosen- oder Beschäftigungsstatistiken nachweisen kann. Der Quotierungsbeschluß dient also nur dazu, dieser Bestimmung des Grundgesetzes überhaupt erst Geltung zu verschaffen. Denn „sind die sozialen Verhältnisse so beschaffen, daß die **formale Gleichbehandlung** der Geschlechter die Benachteiligung des einen, der Frauen, nicht beseitigt, sondern eher verfestigt, erfüllen nur jene Gesetze das Gleichberechtigungsgebot, die in die vorhandene Ungleichbehandlung wirksam eingreifen, selbst und gerade dann, wenn sie – bis zur Erfüllung des Verfassungsauftrages – die Geschlechter ungleich behandeln" (Prof. Heide Pfarr, Hearing zum Antidiskriminierungs-Gesetz Bonn, 1982). Die Verpflichtung des Staates zu aktiver Förderung der Gleichberechtigung wird auch in dem Gutachten von

Prof. K.-H. Friauf festgestellt, das vom Bundesminister des Innern in Autrag gegeben wurde („Gleichberechtigung der Frau als Verfassungsauftrag", 1981).

Wer die Legalität des Quotierungsbeschlusses in Frage stellt, muß sich fragen lassen, ob ihm die Abschaffung einer ungerechten, Frauen kraß benachteiligenden Situation überhaupt ein Anliegen ist – und dies nicht nur, weil's gegen das Grundgesetz verstößt.

Die Frage der Gleichstellung von Frauen ist eine **politische Grundsatzfrage** und nicht eine juristische. Gesetze sind von Männ-schen gemacht und veränderbar; sie spiegeln den Bewußtseinsstand einer Gesellschaft wider, d.h. daß in ihnen auch Interessengegensätze zum Ausdruck kommen.

Der Quotierungsbeschluß ist ein Versuch, die Gleichberechtigung von Frauen auf der juristischen Ebene voranzutreiben. Dabei unterliegen wir nicht der Illusion, daß dadurch das Patriarchat abgeschafft wird. Doch zunächst hat die Quotierung ganz einfach den Sinn, heute den Frauen Arbeitsplätze zu sichern und zu schaffen. Mit einer solchen Forderung läßt sich zum anderen auch ganz schön politischer Wirbel veranstalten – denn schließlich geht es hier um materielle Interessen, die wohl auch manchen grünen Mann in Konflikte bringen können. Und schließlich wollen wir nicht warten, bis irgendwann alles besser ist. Wir fordern unsere Rechte heute schon ein und, Quotierung ist ein Mittel dazu.

Wie ging es weiter mit unserem Antrag?

Im Rahmen der öffentlichen Verhandlungen mit der SPD über Forderungen zum Haushalt 85 stellten wir den Antrag vor. Die Reaktion der SPD war grundsätzlich zustimmend: „Das steht bei uns schon seit 20 Jahren im Programm!" Problematisiert wurde der Qualifikationsbegriff, wobei die SPD im Verlauf der Diskussion zugestand, daß die Formulierung bei **„gleicher"** Qualifikation „unglücklich" sei.

Angepriesen wurde das „neue" Frauenförderungskonzept von Rau, dessen halbherzige Formulierungen wir kritisierten. Vereinbart wurde eine (Frauen-)Kommission. Zu diesem Gespräch unter 4 Frauen wurde uns ein eigener SPD-Antrag präsentiert (wäre ja nicht nötig gewesen), der in fast allen Punkten Verwässerungen bedeutete und hinter den Stand des öffentlichen Verhandlungsergebnisses zurückfiel:

– als Ziel statt **Parität** nur „Abbau von Unterrepräsentation" (wann ist der erreicht?)
– Bei **Stellenbesetzung** fehlt der wichtige Satz, daß Quotierung sich nur auf Bereiche bezieht, wo Frauen **unterrepräsentiert** sind
– **innerhalb eines Amtes** fehlte ganz.
– Bei der Kontrolle fehlte die Stellungnahme der Gleichstellungsstelle.
– Einzig der beim Punkt „Qualifikation" erreichte Diskussionsstand schlug sich nieder in der Formulierung bei „vergleichbarer Qualifikation". Diese Formulierung haben wir schließlich akzeptiert: unterschiedliche Lebensläufe z.B. sind danach grundsätzlich vergleichbar.

In fast allen anderen Punkten konnten wir nach nochmaliger Diskussion mit den SPD-Frauen unsere Formulierungen bzw. die Inhalte durchsetzen (siehe beschlossener Antrag!) und stimmten darum dem gemeinsam abgesprochenen Antrag im Personalausschuß zu.

Grün-bunter Ratsantrag zur Quotierung 21.1.85

Der Rat der Stadt Bielefeld beauftragt die Verwaltung, dafür Sorge zu tragen, daß in allen Bereichen, in denen Frauen unterrepräsentiert sind, eine Parität hergestellt wird.

Zur Realisierung dieses Zieles werden folgende Maßnahmen ergriffen.

1. *Auf allen Ebenen und in jeder Vergütungsgruppe innerhalb eines Amtes, wo Frauen unterrepräsentiert sind, werden – bei Erfüllung der formal notwendigen Qualifikation (Ausbildung) – so lange Frauen bevorzugt eingestellt bzw. befördert, bis 50% der jeweiligen Arbeitsplätze von Frauen besetzt sind. Bei der Frage der Berufserfahrung muß die familiäre Tätigkeit berücksichtigt werden.*
2. *In den Bereichen, in denen Frauen unterrepräsentiert sind, wird ihnen mindestens die Hälfte der Ausbildungsplätze angeboten.*
3. *Stellenausschreibungen werden – im entsprechenden Fall – mit dem Zusatz versehen, daß Frauen bevorzugt eingestellt werden.*
4. *In den Fällen, in denen von diesen Grundsätzen abgewichen wird, ist ein schriftlicher Bericht anzufertigen und zusammen mit einer Stellungnahme der Gleichstellungsstelle dem Personalausschuß bzw. dem Rat vorzulegen.*
5. *Darüberhinaus wird über den Erfolg oder Nicht-Erfolg der Bemühungen zur Frauen-Gleichstellung ein jährlicher Bericht erstellt.*

Frauenförderungsplan der SPD 25.1.85

Mit einem Frauenförderungsplan für die Verwaltung der Stadt Bielefeld soll erreicht werden, daß Frauen und Männer in allen Verwaltungsbereichen, Funktionsebenen und Beförderungsebenen gleichgestellt werden.

Zur Realisierung dieses Ziels beschließt der Personalausschuß folgende Maßnahmen:

1. Ausbildung
In den Bereichen, in denen Frauen unterrepräsentiert sind, wird ihnen die Hälfte der Ausbildungsplätze angeboten. Nur dann, wenn sich nicht genügend Frauen bewerben, können diese Stellen mit männlichen Bewerbern besetzt werden.

2. Stellenausschreibungen
Stellenausschreibungen sind grundsätzlich in weiblicher und männlicher Form abzufassen. Ausschreibungen für bislang typisch „männliche Berufsfelder" sind so zu gestalten, daß auch Frauen davon ausdrücklich angesprochen werden.

3. Stellenbesetzung
Bei der Besetzung von Stellen werden bei vergleichbarer Qualifikation Frauen solange bevorzugt berücksichtigt, bis ihre Unterrepräsentation – bezogen auf Anzahl, Funktionen und Vergütungs- und Besoldungsgruppen – abgebaut ist.

Abweichungen von diesem Grundsatz sind dem für die Personalentscheidung zuständigen Organ (Oberstadtdirektor, Personal-Ausschuß, Rat) zu begründen.

Personalauswahlverfahren sind so zu gestalten, daß gemäß der Zielsetzung die Unterrepräsentation der Frauen abgebaut wird.

Dies ist notwendig, um die besonderen Wettbewerbsnachteile der Frauen durch Familienaufgaben auszugleichen. Dies gilt insbesondere für die Wiedereingliederung von Frauen, die durch gezielte Maßnahmen unterstützt werden muß.

Vom Personalausschuß beschlossener Antrag 6.2.85

Mit einem Frauenförderungsplan für die Verwaltung der Stadt Bielefeld soll (im Rahmen des geltenden Rechts) erreicht werden, daß Frauen und Männer in allen Verwaltungsbereichen, Funktionsebenen und Beförderungsebenen gleichgestellt werden. Zur Realisierung dieses Ziels beschließt der Personalausschuß folgende Maßnahmen:

1. Ausbildung
In den Bereichen, in denen Frauen unterrepräsentiert sind, wird ihnen mindestens die Hälfte der Ausbildungsplätze angeboten. Nur dann, wenn sich nicht genügend Frauen bewerben, können diese Stellen mit männlichen Bewerbern besetzt werden.

2. Stellenbesetzung
Bei der Besetzung von Stellen werden bei vergleichbarer Qualifikation Frauen solange bevorzugt, bis auf allen Funktionsebenen und in jeder Besoldungs- und Lohn- und Gehaltsgruppe des jeweiligen Amtes, wo Frauen unterrepräsentiert sind, eine Parität hergestellt ist.

Bei der Frage der Berufserfahrung ist in jedem Einzelfall zu überprüfen, inwieweit die familiäre Tätigkeit angerechnet werden kann.

3. Stellenausschreibung
Stellenausschreibungen sind grundsätzlich in weiblicher und männlicher Form abzufassen. Sie werden im entsprechenden Fall mit dem Zusatz versehen, daß Frauen bevorzugt eingestellt werden.

4. Abweichungen
Abweichungen von diesen Grundsätzen sind dem für die Personalentscheidung zuständigen Organ (Rat, Personalausschuß und Oberstadtdirektor) schriftlich zu begründen.

Vor Umsetzung dieser Regelung sind die Mitwirkungsrechte des Personalrates nach § 73 LPVG in Verbindung mit § 66 Abs. 2 LPVG zu wahren.

Die Abstimmung im Personalausschuß war ein Zugeständnis von uns, denn unser Antrag war für den Rat vorgesehen wegen der grundsätzlichen Bedeutung von Quotierung und wegen der größeren Öffentlichkeit.

Tatsächlich ist der Beschluß in der Presse nur am Rande erwähnt worden. Dafür waren die Aktivitäten hinter der Kulisse umso stärker: Personalrat und Personalverwaltung meldeten massive Bedenken an und formulierten eine gemäßigtere Version von Quotierung (z.B. durch Einfügen des Satzes: „im Rahmen des geltenden Rechts").

Es kam, wie es kommen mußte: Der Oberstadtdirektor legte sein Veto ein und beauftragte das Rechtsamt mit der rechtlichen Prüfung des Quotierungsbeschlusses wie auch des Alternativvorschlags. Sämtliche Unterlagen wurden anschließend über den Regierungspräsidenten von Detmold dem Innenministerium des Landes NRW vorgelegt.

Aufgeschreckt durch den Bielefelder Quotierungsbeschluß und durch weitere Grüne Quotierungsanträge in anderen Kommunen setzte der Innenminister von NRW am 27. 9. 1985 eine Dienstbesprechung der Kommunaldezernenten im Innenministerium an, um die Verwaltung (und die SPD gleichermaßen) in Stadt und Land auf einheitliche (Landes-)Linie zu trimmen. Wen wundert es, daß als Ergebnis der Besprechung das Frauenförderungskonzept von Johannes Rau als einzige verfassungsgemäße Form von Quotierung festgeschrieben wurde. Ein Jahr und ein Tag nach dem Zustandekommen des Beschlusses wurde offiziell die Rechtswidrigkeit festgestellt.

Interessant ist, daß alle Parteien erklärten, daß weiter nach der Zielsetzung des Beschlusses verfahren werden soll. Nach Aussage der Gleichstellungsstelle wird weitgehend nach dem Beschluß verfahren.

Mann praktiziert Frauenfreundlichkeit aus Großmut, während gleichzeitig der Beschluß gekippt wird, der aus „Gnade" ein Recht für Frauen machen würde.

Den Frauen die Chance geben und die Wahl lassen ....

Interview mit Helga Krieger

Helga, der Bielefelder Quotierungsbeschluß hat ja über die Grenzen von Bielefeld hinaus Staub aufgewirbelt. Einen zentralen Stellenwert in den Verhandlungen mit der SPD stellte ja für Euch der Qualifikationsbegriff dar. Kannst Du kurz schildern, worum es in der Diskussion ging?

Helga: Der Beschluß sagt aus, daß in allen Bereichen, auf allen Ebenen, wo Frauen unterrepräsentiert sind, bei freiwerdenden Stellen Frauen bevorzugt eingestellt werden müssen. Nach unseren ursprünglichen Vorstellungen sollte das auf der Grundlage der formal notwendigen Qualifikation passieren. Alle bisherigen Quotierungsmodelle in sozialdemokratischen Frauenförderungsplänen bestehen ja darin, daß ‚bei gleicher Qualifikation' Frauen bevorzugt werden sollen, d.h. praktisch, daß eine Frau mit dem besten aller männlichen Bewerber konkurrieren können muß. Wenn dagegen die formal notwendige Qualifikation zur Voraussetzung gemacht würde, dann könnte eine Frau bevorzugt werden, auch wenn es möglicherweise bessere männliche Konkurrenten gibt. Uns ist natürlich klar, daß eine solche Quotierung nach dem derzeit herrschenden Rechtsverständnis nicht zulässig ist. Wir haben trotzdem ganz bewußt in unseren Antrag die formal notwendige Qualifikation reingeschrieben, um eine Diskussion über die Problematik des Qualifikationsbegriffes zu provozieren.

Die ASF-Frauen haben sich dann hingesetzt und versucht, eine Kompromißformel zu finden und sind dabei auf die Formulierung ‚vergleichbare Qualifikation' gekommen. Wir waren darüber unglaublich verblüfft und erfreut, da wir diese Formulierung als echten Kompromiß ansehen konnten. Dieser Begriff läßt ja viel mehr Spielraum, der gesteht z.B. zu, daß Frauen aufgrund von Kindererziehungszeiten weniger Berufserfahrung haben und bietet dennoch die Möglichkeit, daß Frauen bevorzugt eingestellt werden. Das war uns schon mal ganz wichtig. Natürlich öffnete es auch wieder verschiedenen Interpretationen Tür und Tor. Die Frage, ob eine Qualifikation nun vergleichbar ist oder nicht, wird in jedem Einzelfall zu klären sein. Insofern ist auch dieser Beschluß – wäre er rechtsgültig – nicht hieb- und stichfest. Ich glaube, eine hieb- und stichfeste Formulierung gibt es nicht, denn wenn es um ihre eigenen Interessen geht, sind Menschen und gerade Männer allemal erfindungsreich genug, um alle Beschlüsse zu unterlaufen. Trotzdem meine ich, daß der Bielefelder Quotierungsbeschluß eine ganz andere Qualität hat als Quotierungsbeschlüsse in anderen Kommunen und Ländern. Weil er nämlich die klare Zielsetzung ‚Parität' enthält. Das ist ja nicht nur ein Problem der Sprache. Es ist sicher kein Zufall, daß in den SPD-Frauenförderplänen mit vielen gut klingenden, letztendlich aber unverbindlichen Worten operiert wird.

Wenn die Formulierungen etwas konkreter werden, wird auch gleich deutlich wie wenig damit bewegt werden soll. Der NRW Frauenförderplan sieht beispielsweise vor, daß Frauen „in einem angemessenen Zeitraum entsprechend ihrem Anteil an der jeweiligen Laufbahngruppe berücksichtigt werden" sollen... Das ist zwar relativ konkret – wenn Frauen zu 15% in einer Laufbahngruppe vertreten sind, dann müssen diese 15% auch bei Stellenbesetzungen berücksichtigt werden – stellt aber natürlich ein Fortschreiben des ‚Status quo' dar. Das läßt unberücksichtigt, daß Frauen in bestimmten Bereichen völlig unterrepräsentiert sind, in den oberen Bereichen bekanntlich ganz besonders. Nur durch eine Bevorzugung von Frauen kann daran etwas geändert werden. Die Formulierung „Frauen müssen bevorzugt werden" hat schon etwas Provokatives – vermutlich der Grund dafür, daß sie in den Frauenförderplänen vermieden wird.

Nun stellt sich aber u.E. die Frage, ob nicht auch der Bielefelder Antrag unkonkret bleibt, solange nichts darüber ausgesagt ist, innerhalb welcher Zeitvorgaben die 50%-Quote zu erreichen ist.

Helga: Das Ziel ist ja eindeutig formuliert – im Gegensatz zu den SPD Frauenförderplänen – nämlich mindestens Parität. Über die Zeit ist nichts ausgesagt, das stimmt. Wir meinen, daß das kein Nachteil sein muß, daß es im Gegenteil der Situation angemessen ist. Die Möglichkeiten, die 50% Quote zu erreichen, sind in den verschiedenen Bereichen sehr unterschiedlich. Es ist ja richtig, daß in bestimmten Bereichen Frauen noch gar nicht ausgebildet sind – z.B. im Metallbereich. Da wäre die 50%-Quote erst in einigen Jahren und natürlich auf der Grundlage, daß Mädchen erstmal in diesen Berufen ausgebildet werden, erreichbar.

Frauen haben häufig noch durch ihre Sozialisation bedingte Ängste und Abneigungen, wenn sie leitende Funktionen übernehmen sollen. Diese Barrieren kann erstmal keine Art von Quotierung aufheben. Denn wenn Frauen selbst den Mut nicht haben, sich das nicht zutrauen, dann klappt es eben nicht. Unsere Formulierung läßt den Frauen die Wahl, wann und in welche Bereiche sie eindringen wollen. Es ist ja heute so – ob in der Uni oder im höheren Verwaltungsbereich – daß Frauen sich durchaus um entsprechende Stellen bewerben, aber keine Chancen haben. Nach unserem Quotierungsbeschluß müssen sie dann bevorzugt eingestellt und gefördert werden, wenn sie das selbst wollen.

Neben der Diskussion um Zeitvorgaben ist ja auch viel von Zielquoten die Rede – innerhalb einer bestimmten Abteilung oder eines Amtes soll der Frauenteil innerhalb eines vorgegebenen Zeitrahmens beispielsweise von 10% auf 30% gesteigert werden. Dies ist ein Modell, daß z.B. in den USA auch in der freien Wirtschaft praktiziert wird. Nachdem eine Sanktionsbehörde darüber wacht, daß die Zielquoten eingehalten werden, sind die Arbeitgeber in der Pflicht, auch entsprechende Ausbildungsprogramme anzubieten, damit genügend ausgebildete Frauen zur Erreichung der Quote zur Verfügung stehen. Kann nicht vielleicht ein solches Modell schneller zum Erfolg führen?

Helga: Für mich stellt sich die Frage, wenn mit sogenannten Zielquotenplänen gearbeitet wird, wie wird ausgerechnet, in welchem Zeitraum welcher Prozentsatz von Frauen in eine Abteilung reinkommen soll, und wer entscheidet darüber? Es ist ja nach wie vor so, daß Männer Personalentscheidungsfunktionen wahrnehmen. Ich kann mir nicht vorstellen, nach welchen Kriterien die nun ausrechnen wollen, welche Quote sie erreichen wollen. Ich denke, daß die männlichen Personalentscheider damit eine Entscheidungsfunktion zusätzlich, ein Machtmittel mehr in die Hand bekommen. Sie können entscheiden, wann und wie schnell sie welchen Anteil von Frauen in ihre Abteilung reinholen wollen. Mir ist es lieber, wenn die Entscheidung bei den Frauen selbst bleibt. Von dem Modell der Zielquotenvorgabe wird auch behauptet, daß es überprüfbarer sei. Kontrolle halten wir natürlich für nötig, das geht schon daraus hervor, daß in unserem ursprünglichen Quotierungsantrag festgelegt ist, daß in Fällen, in denen vom Quotierungsbeschluß abgewichen wird, ein schriftlicher Bericht anzufertigen und zusammen mit einer Stellungnahme der Gleichstellungsstelle dem Personalausschuß bzw. dem Rat vorzulegen ist. Das macht natürlich Personalentscheidungen schwieriger, als wenn Personalchefs in einer kleinen Runde zusammensitzen und unkontrolliert ihre Entscheidungskriterien entwickeln können. In dem Moment, wo sie wissen, daß sie ihre Entscheidungsgrundlagen zu Papier bringen müssen, müssen sie sich selbst schon ganz anders kontrollieren.
Ich denke nun aber nicht, daß damit alles hieb- und stichfest ist. Es gibt, wie gesagt, immer findige Personalentscheider, die die nötigen Argumente liefern und wenn dabei kurzerhand Qualifikationskriterien geändert werden. Zudem gibt es Frauenbeauftragte in Gleichstellungsstellen, die es nicht fertig bringen, so hart aufzutreten, weil sie es sich mit ihren Kollegen im Amt nicht verderben wollen. Deswegen sage ich auch immer wieder, ein relativ präziser Quotierungsbeschluß, wie er hier in Bielefeld gefaßt worden ist, ist keine Garantie, daß alles so läuft, wie wir uns das vorstellen. Übrigens haben wir in der BRD weder eine Kontrollbehörde noch Sanktionsmöglichkeiten wie in den USA – z.B. Nichtvergeben von öffentlichen Aufträgen oder hohe Geldstrafen bei Nichteinhaltung der Quotierung – im ADG ist das vorgesehen.

Angesichts der Forderung nach 50%-Quoten in allen Bereichen und auf allen Ebenen wird immer wieder Kritik aus den unterschiedlichsten Lagern, sowohl von Männern wie von Frauen, laut. Es wird vor allem unterstellt, diese Forderung sei unrealistisch, da es nicht genügend qualifizierte Frauen gibt und zudem in bestimmten Berufszweigen über Jahre hinaus ein Berufsverbot für Männer bestünde.
Helga: Ein Quotierungsbeschluß, wie er in Bielfeld formuliert wurde, ist im Gegenteil realistisch – er zwingt keine Frauen in irgendwelche Bereiche hinein, nur um das abstrakte Ziel ‚Parität' zu erreichen. Es ist auch falsch – darum gebrauche ich den Begriff nicht gerne – von ‚starren Quoten' zu sprechen. Unsere Formulierung ist gerade insofern realistisch, als sie berücksichtigt, daß Frauen in bestimmte Bereiche, aus welchen Gründen auch immer, nur zögernd eindringen wollen. Es gibt aber Bereiche, wo auf Grund der vorhande-

nen Qualifikationen von Frauen durch einen Quotierungsbeschluß sehr schnell Parität hergestellt werden kann, gerade im öffentlichen Dienst. Der Ausbildungsbereich spielt natürlich dabei eine zentrale Rolle. Um den Prozeß zu beschleunigen, scheint es sich anzubieten, zumindest hier wirklich starre Quoten einzuführen. Viele Juristinnen halten das, zumindest für den öffentlichen Dienst, für unproblematisch. Aber auch hier haben wir gesagt, die Realität ist doch so, daß Mädchen und Frauen nicht zu unterschätzende Barrieren haben, wenn sie in männerdominierte Ausbildungsbereiche eindringen sollen. Darum haben wir es für richtig gehalten zu formulieren, den Frauen wird mindestens die Hälfte aller Plätze angeboten. Wenn dann keine zu finden sind, stehen sie den Männern offen. In unserem Antidiskriminierungsgesetz ist das präzisiert, indem es festlegt, daß alle Ausbildungs- und Erwerbsarbeitsplätze mindestens zweimal nur für Frauen ausgeschrieben werden müssen, bevor sie auch Männern angeboten werden.

Du hast nun mehrmals von den Barrieren der Frauen gesprochen. Wie können Deiner Meinung nach diese Barrieren abgebaut und gleichzeitig die Frauen verstärkt motiviert werden, in Männerdomänen einzubrechen?
Helga: In fast allen Frauenförderplänen ist sehr viel die Rede davon, daß Frauen motiviert werden sollen, ohne das ‚wie' genau zu benennen. Wir sehen die beste Möglichkeit, Frauen zu motivieren, indem die Ausschreibung selbst schon so abgefaßt wird, daß Frauen ganz deutlich mitgeteilt wird, ihr werdet hier bevorzugt. Das heißt, entweder die Stelle wird explizit für eine Frau ausgeschrieben, oder es wird formal geschlechtsneutral ausgeschrieben mit dem Zusatz „Frauen werden bevorzugt eingestellt". In Frauenförderplänen steht lediglich, daß Ausschreibungen so erfolgen sollen, daß Frauen sich ausdrücklich angesprochen fühlen. Das ist uns zu schwammig. Frauen müssen wissen, daß ihre Bewerbung Aussicht auf Erfolg hat, das motiviert sicherlich am meisten. Die ausdrückliche Bevorzugung von Frauen schon in der Ausschreibung wird aber auch als rechtswidrig bezeichnet. Das wird begründet mit dem § 611 b des EG Anpassungsgesetzes, das eine geschlechtsneutrale Ausschreibung vorschreibt. Das stellt natürlich für uns eine besonders große Provokation dar, da ja die §§ 611 a und b gerade angesichts der bis heute üblichen Praxis, selbstverständlich überall überwiegend in der männlichen Form auszuschreiben, zustande gekommen sind.
Der Ausschreibung kommt auch aus einem anderen Grund eine zentrale Rolle zu. Gerade für höhere Positionen, auch im öffentlichen Dienst, sind heute oftmals innerhalb einer Gemeindeverwaltung noch nicht genügend Frauen ausgebildet. Daher finden wir es besonders wichtig, Stellen auch extern auszuschreiben. Dann finden sich nämlich häufig doch noch qualifizierte Frauen. Da sind aber in aller Regel die Personalräte dagegen, weil sie in erster Linie daran interessiert sind, ihr Klientel zu vertreten, d.h. die Angestellten der eigenen Kommune. Letztenendes läuft das natürlich darauf hinaus, daß sie Männerinteressen wahrnehmen. Auch gewerkschaftliche Personalvertretung findet ihre Grenzen dort, wo es um Fraueninteressen geht. Interessanterweise hat Rau zur gleichen Zeit, als der Frauenförderplan in NRW an die Öffentlich-

keit gebracht und verabschiedet wurde, die Mitwirkungsrechte bei der Quotierung für die Personalräte verankert. Sie soll garantieren, daß die Förderung von Frauen nicht zu stark in Männerinteressen eingreift.

Wie ist das bei Euch eigentlich parteiintern? Besteht grundsätzlich Konsens über diesen Beschluß, oder gibt es da auch interne Auseinandersetzungen? Auch grüne Männer melden inzwischen ja – wenn auch noch recht zaghaft – gewisse Bedenken an.
Helga: Unser Quotierungsbeschluß – ob er nun rechtlich gültig ist oder nicht – ist für uns selbstverständlich ungeschriebenes Gesetz, weil Quotierung ja auch parteiintern grundsätzlich auf allen Ebenen und in allen Bereichen gilt. Dennoch hat uns dieser Beschluß bei der Besetzung von Stellen, wo wir mitentscheiden konnten, beispielsweise im Schulausschuß oder im Personalausschuß, in einigen Fällen durchaus schon in Schwierigkeiten gebracht. Als Beispiel kann ich da die Besetzung einer Schulleiterstelle nennen, wo sich eine als rechts und autoritär bekannte Frau und ein linker SPD Mann beworben hatten. In solchen Fällen ist es doch recht mühsam, eine Mehrheit herzustellen, die die Bevorzugung von Frauen als grundsätzliche und nicht auf die einzelne Frau bezogene Entscheidung begreift. Es fällt natürlich auch mir schwer, eine Frau zu wählen, die eine unseren Zielen widersprechende Politik betreibt. Aber wir gehen ja davon aus, daß sich erst etwas verändert, wenn in allen Bereichen gleich viele Frauen und Männer tätig sind. Es läßt sich wohl nicht vermeiden, daß, um dieses Ziel zu ereichen, in einzelnen Fällen auch mal eine bittere Pille geschluckt wird. Eine konsequente Einhaltung des Quotierungsbeschlusses durch uns ist auch deshalb notwendig, weil nur so z.B. Männer in der GEW begreifen, daß sie die Kolleginnen unterstützen müssen, wenn es ihnen um die Verwirklichung ihrer bildungspolitischen Ziele geht, weil nur dadurch Frauen signalisiert wird, daß sie bei der Bewerbung auf eine Schulleiterstelle Aussicht auf Erfolg haben.

Abschließend die Frage: Was bringt den Frauen letztlich nun mehr ein – ein offiziell gültiger SPD Frauenförderplan mit seinen völlig unverbindlichen schwammigen Formulierungen, oder ein als rechtlich unzulässig erklärter Quotierungsbeschluß, wie er hier in Bielefeld zustandegekommen ist?
Helga: Ich würde sagen, es läuft letztendlich auf dasselbe hinaus. Damit will ich sicherlich nicht für Frauenförderpläne plädieren. Ich bin nach wie vor der Meinung: wenn wir was deutlich machen wollen, was bewegen wollen, dann müssen wir auch provokativ sein!
Der Druck, der dabei auf die anderen Parteien entsteht, ist nicht zu unterschätzen. Als der Beschluß als rechtlich nicht zulässig erklärt wurde, versicherten doch alle Parteien, selbstverständlich nach wie vor dahinter zu stehen und weiterhin danach verfahren zu wollen. Das ist zunächst eine verbale Zusage, die noch keinen Rechtsanspruch schafft. Sie sagt aber doch etwas über eine Klimaveränderung aus... So kann sich letztlich – auch wenn das eigentliche Ziel nicht erreicht wurde – doch etwas bewegen. Auch bei den Frauen selber passiert durch die Aufregung, durch die Diskussionen, die ent-

stehen, wenn Frauen plötzlich bevorzugt werden sollen, eine ganze Menge. Viele Frauen merken dann häufig erst an den Reaktionen ihrer Kollegen, wie sehr die Männer am Erhalt ihrer Machtpositionen interessiert sind. Frauen mit annehmbaren Stellen im öffentlichen Dienst, die sich vielleicht lange Zeit ziemlich unreflektiert mit den Verhältnissen abgefunden hatten, geht vielleicht angesichts unverschämter Chauvi-Äußerungen das eine oder andere Licht auf.

Das Interview führten Inga Jesinghaus, Gisela Lommer und Elke Steg

Alice Klinke/Karin Griechen-Hepp

„Ein bißchen Quotierung“ gibt es nicht

Auch bei den Grün-Alternativen treibt die Quotierungsdiskussion seltsame Blüten – das Beispiel Essen

„Der Kampf gegen die geschlechtsspezifischen Herrschaftsverhältnisse stellt (...) einen wesentlichen Bestandteil der ***Gesamt-GAL-Arbeit*** (Hervorhebung d.V.) *dar.“*

Dieser Satz wurde u.a. ein halbes Jahr vor der Kommunalwahl in den programmatischen Grundlagen – Frauenpolitikprogramm – der Grün-Alternativen-Liste Essen verankert.

Die Frage, inwiefern diese Formulierung tatsächlich das vorherrschende Verständnis der Gesamt-GAL zur Frauenpolitik widerspiegelt, stellte sich nach einjähriger Ratsarbeit – u.a. aber vor allem aufgrund einer erneut notwendig gewordenen Quotierungsdebatte. Ausgelöst wurde diese durch ein männliches Fraktionsmitglied im Schulausschuß, das sich, als es um die Besetzung einer Schulleitungsposition ging, gegenüber einer Kandidatin (der einzigen Frau unter vielen männlichen Bewerbern) der Stimme enthalten hatte. Er begründete seinen Entschluß mit der „politischen Rückständigkeit“ dieser Bewerberin. Dieses Verhalten und seine Rechtfertigung stießen in der AG Frauenpolitik auf großes Unverständnis, da doch die bevorzugte Einstellung und Beförderung von Frauen, sofern sie unterrepräsentiert sind, seit langem Bestandteil des GAL-Programms war. Auf dieser Grundlage hätte der GAL-Vertreter im Ausschuß zumindest den **politischen Willen** zur Gleichstellung von Frauen zum Ausdruck bringen müssen (in Essen verfügt die SPD über die absolute Mehrheit ...).

In der darauffolgenden Mitgliederversammlung wurde schließlich auf Drängen der AG Frauenpolitik das Thema Quotierung noch einmal diskutiert. Dabei boten die Frauen der AG bereits einen Kompromiß an: *„Entsprechend des vorliegenden (des im Rat gestellten, d.V.) Quotierungsantrages stimmen die GAL-Fraktionsmitglieder immer für die qualifizierteste Bewerberin.“* (1) Damit sollte zum einen ihr zentrales Anliegen – praktischer Einsatz für Quotierungsforderungen – verwirklicht werden. Zum anderen wurde damit der GAL die Möglichkeit eröffnet, **ihre** Schwierigkeiten, die durch das Aufeinandertreffen von Frauenpolitik und Parteipolitik zutagetreten, angemessen zu lösen – z.B. indem sie bei Einwendungen gegen Personalvorschläge der Stadtverwaltung eigene Kandidatinnen benennen bzw. für diese votieren.

In der Tat hätte dies mehr Arbeit bedeutet: gründliche Auseinandersetzung mit der kompletten Berwerber/innen-Liste, Auswahl, Einsatz der Öffentlichkeit, usw. Allerdings stellen diese Anstrengungen letzten Endes die Konsequenz daraus, daß es **„ein bißchen Quotierung“** eben nicht gibt, dar. Wer sich öffentlich die bevorzugte Einstellung und Beförderung von Frauen auf die Fahne schreibt, um ihrer Gleichberechtigung einen kleinen Schritt näher zu kommen, und sich gleichzeitig in jedem Einzelfall eine Stimmenthaltung vorbehält, macht sich politisch lächerlich.

Die Mehrheit des GAL-Plenums sprach sich (mit der Mehrheit der männlichen Stimmen) gegen diesen Antrag der AG Frauenpolitik und für **Einzelfall- und individuelle Gewissensentscheidungen** aus. Damit wurde das Quotierungsprogramm praktisch außer Kraft gesetzt. Hieraus zogen die beiden Ratsfrauen Brigitte Polzin und Karin Griechen-Hepp sowie einige Frauen aus der Arbeitsgruppe die Konsequenz und traten aus Partei und Fraktion aus. Soviel zum Verlauf sowie zu den Folgen dieses Konflikts.

Im folgenden ist es uns darüberhinaus wichtig, auf die wesentlichen „Argumente“, die in den GAL-Plenumsdiskussionen einer Aufweichung des Quotierungsbeschlusses dienen sollten, einzugehen. Es geht hier nicht darum, die GAL Essen bloßzustellen, sondern darum deutlich zu machen, mit welchen „Begründungen“ es auch im grün-alternativen Spektrum gelingen kann, Quotierungsforderungen aus den Angeln zu heben.

Alle Frauen sollen gleichberechtigt werden ... wirklich alle?

Eine der frauenfeindlichsten Äußerungen innerhalb der Auseinandersetzung bestand in der völligen Verunglimpfung des Begriffs **„vergleichbare Qualifikation“**. Dieser (natürlich aus guten Gründen gewählten) Formulierung sollte eine neue Auswahlkategorie beigefügt werden, nämlich die der sogenannten **„politischen Qualifikation“**. Hatte die AG Frauenpolitik versucht, über das Aufbrechen der starren Formulierung „gleiche Qualifikation“ für mehr Frauen die Möglichkeit von Erwerbsarbeit und politischer Tätigkeit zu schaffen, so tat ein Teil der GAL nun das seine, um diese Frauen mit Hilfe einer Art Gesinnungsprüfung wieder zu diskriminieren. Danach würden nämlich für bestimmte Positionen und Berufe nur Frauen in Frage kommen, die eine – in diesem Fall – GAL-genehme politische Einstellung haben. Da geht es dann nicht mehr um die Eröffnung von Chancen für **alle** Frauen, sondern um Gleichberechtigung für Frauen, die der GAL politisch nahestehen. Bei einer solchen Auslegung hätten heute immer noch nicht alle Frauen das allgemeine Wahlrecht, sondern nur die, die progressiv wählen würden!

Die Diskussion in der Mitgliederversammlung war entlarvend. Da wurde sogar mit Fallbeispielen gearbeitet: „Ja, ob man/frau denn auch eine politisch reaktionäre Frau wie Margret Thatcher unterstützen müsse?“ – Der Schritt hin zur Situation von Kriegsdienstverweigerern war nicht mehr weit, denen mann die berüchtigte Frage stellt: „Was machen Sie, wenn Ihre Freundin im Busch von einem Russen vergewaltigt wird?“ Das waren sie also, die grün-alternativen, frauenfreundlichen Männer und Frauen. Ihre Argumente ähnelten mehr und mehr denen der schon länger etablierten Parteien, deren Gleichberechtigungsbemühungen für Frauen ebenfalls mit dem jeweils „richtigen" Parteibuch in Beziehung gesetzt werden.

Die grundsätzliche Forderung nach Veränderung gesellschaftlicher Strukturen durch die konsequente Quotierung, einsetzbar als Mittel zum Zwecke der Aufhebung von Frauendiskriminierung, war der GAL Essen zu radikal. Also mußte der Qualifikationsbegriff herhalten, um daraus ein **‚Berufsverbot' für politisch nicht genehme Frauen** abzuleiten.

Alle Frauen sollen gleichberechtigt werden ... aber sind sie denn überhaupt ausreichend qualifiziert?

Die Palette der ‚Argumente' gegen die Quotierung war groß, jedoch einfältig. Eine der fragwürdigen Thesen war die der **‚nicht ausreichenden Qualifikation'** von Frauen. Auffällig dabei war, daß die Entscheidung für eine Frau den Gegnern und Gegnerinnen der konsequenten Quotierung ab der Gehaltstufe BAT II aufwärts besondere ‚Bauchschmerzen' zu bereiten schien. Die Begründung: Mann/Frau würde z.B. Berufsanfängerinnen einen Bärendienst erweisen, wenn sie sofort in derartige Positionen kämen. *„Sie würden in absehbarer Zeit Schiffbruch erleiden angesichts der realen Aufgaben, die auf sie zukommen."* (2)

Welch überaus soziales, verantwortungsbewußtes Verhalten wurde damit seitens der GAL an den Tag gelegt. Nun reichten also die formalen Bewerbungsvoraussetzungen nicht mehr aus, um als hinreichend qualifiziert angesehen zu werden. Die persönliche Sorge einiger GALier/innen, ob des ‚Gewachsenseins der Aufgabe' und des ‚menschlichen Wohlbefindens' der Bewerberinnen wurden zu Kriterien ihrer Auswahl. Hatte das Argument der unzureichenden Qualifikation nicht ausgereicht, um Frauen als Bewerberinnen zu eliminieren, so wurde zusätzlich an das menschliche Mitverantwortungsgefühl der Anwesenden appelliert, doch Berufsanfängerinnen nicht zuviel zuzumuten. Begriffe wie Selbstverantwortung, Eigenständigkeit und eigene Entscheidungsfähigkeit scheinen vor dem Hintergrund dieser Diskussion wie Fremdworte.

Alle Frauen sollen gleichberechtigt werden ... aber bitte nicht an den Strukturen rütteln!

Im Verlauf der Mitgliederversammlung konnte mann/frau sich davon überzeugen, daß innerhalb der GAL Essen kein Konsens darüber besteht, daß die Diskriminierung von Frauen ein strukturelles Problem ist. Nur wer die jahrhundertelange Unterdrückung von Frauen und deren gesellschaftliche und geschlechtsspezifische Bedingungen nicht erkannt hatte, konnte sich mit einer ‚Quotierungsforderung' zufrieden geben, die in jedem Einzelfall wieder geltend macht: daß es zu wenig qualifizierte Frauen gibt, daß Frauen leicht überfordert sein könnten, daß Frauen in den höheren Positionen über die richtige politische Einstellung verfügen müssen ... Muß auch den Grün-Alternativen erst noch gesagt werden, daß die Diskriminierung von Frauen auf dem Arbeitsmarkt u.a. durch derartige Festschreibungen vorgenommen wird, die das männliche Berufssystem aufrechterhalten?

Die Benachteiligung von Frauen kann ausschließlich durch eine **grundsätzliche Parteilichkeit für Frauen** aufgelöst werden. Diese Vorgehensweise impliziert eine strukturelle gesellschaftliche Veränderung und drängt das auch heute noch weit verbreitete personenbezogene Politikverständnis in den Hintergrund. Nur auf diese Weise kann sich wirklich etwas für Frauen verändern. Frauen brauchen den ihnen zustehendenden Teil der Macht, um ihre Vorstellungen vom Leben und ihre politischen Ziele verwirklichen zu können.

Dieser Teil der Macht besteht u.a. darin, in allen gesellschaftlich wichtigen, d.h. entscheidenden Gremien politischer, ökonomischer sowie sozialer Art zu mindestens 50% vertreten zu sein. Eine Forderung, die auf die Erkenntnis zurückgeht, daß linke und/oder grün-alternative Männer noch lange keine Politik im Interesse von Frauen vertreten. Eine Forderung, die sich ferner das Recht vorbehält, unter Umständen die konkrete Politik von Frauen inhaltlich zu kritisieren. Eine Forderung, die schließlich davon ausgeht, daß Parteilichkeit für Frauen Priorität besitzt vor den Ansprüchen nach Parteipolitik, solange die Parteilichkeit nicht Ausdruck der Parteipolitik ist.

Alle Frauen sollen gleichberechtigt werden ... aber wo bleibt denn da die Realpolitik?

In der GAL Essen wurde anhand der Quotierungsforderung eine Scheindebatte für eine reale Politik geführt. Da ging es darum, daß mann/frau ja niemandem zumuten wolle, mit einer konservativen Schulleiterin zusammenarbeiten zu müssen. Fakt ist, daß das Votum der GAL keinerlei Einfluß auf die Wahl oder Nichtwahl der besagten Kandidatin hatte. Ebenso real ist, daß es lediglich darum ging, sich offensiv für die Interessen der Frauen einzusetzen: Quotierung allgemein – ja, aber bitte nicht für diese oder jene Bewerberin ... diese Haltung ignoriert die gesellschaftliche Realität für Frauen.

Realpolitik darf sich nämlich nicht auf das politisch ‚Machbare' beschränken, sondern sollte vielmehr eine differenzierte Auseinandersetzung mit der sozialen Wirklichkeit in den verschiedenen gesellschaftlichen Bereichen beinhalten. Solange aber die sogenannten Realpolitiker und Realpolitikerinnen nicht fähig oder willens sind, dieses zu leisten, werden sie keine Politik betreiben, die auf eine konsequente Veränderung der gesellschaftlichen Verhältnisse ausgerichtet ist.

Die ‚Realpolitisierung' der Grün-Alternativen stellt für Frauen eine nicht zu unterschätzende Gefahr dar. Vor allem dann, wenn es wie in Essen gelingt, Strukturprobleme (z.B. geschlechtsspezifischer Arbeitsmarkt) in individuelle Probleme einzelner Frauen umzumünzen.

Um eine solche tiefgreifende politische Fehlentwicklung zu verhindern, ist es unbedingt notwendig, die autonomen Strukturen zu erhalten und auszubauen. Grün-alternative Frauen dürfen sich nicht mehr mit dem Recht zur eigenständigen Organisierung und Erarbeitung von Programmforderungen zufriedengeben, die dann mit leichter Hand von der Gesamt-Partei außer Kraft gesetzt werden bzw. unberücksichtigt bleiben. Das einzige Mittel dagegen – so haben uns die Essener Erfahrungen gelehrt – besteht darin, die im Rahmen autonomer Strukturen erarbeiteten Positionen zur Frauenpolitik auch für die konkrete Umsetzung in Partei und Fraktion für alle verbindlich zu machen.

Deshalb koppelten auch die beiden Ex-Ratsfrauen an die Aufgabe ihrer Mandate die Forderung nach einer Zusicherung der GAL, einen **autonomen Frauenpolitikbereich einzurichten.** Eine Chance also für die in der Partei verbliebenen Frauen, ihre politischen Forderungen selbst zu erarbeiten und verbindlich umsetzbar zu machen. *„Einige der anwesenden Männer ahnten dies wohl schon, als sie auf dem letzten Gesamt-Plenum vorschlugen, Autonomie ja, aber die Gesamt-GAL müsse bestimmen können, was die Frauen autonom entscheiden dürfen. Also doch wieder nur Platz für eine ‚feministische Spielwiese'?"* (3)

Anmerkungen

(1) Positionspapier der AG Frauenpolitik zum Inhalt und zur Begründung der Quotierungsforderung in GAL-Info Sept./Okt.'85

(2) Positionspapier der GAL-Fraktionsgeschäftsführerin: „Quotierung, ja. Aber.": in: GAL-Info Sept./Okt.'85

(3) Petra Herbst, in: Neue Essener Presse, Nr. 14. 2. Jg. Ausgabe 29.3.-26.4.86.

Privatisierung und Rekommunalisierung der städtischen Putz- und Reinigungsdienste

Inga Jesinghaus/Elke Steg

Putz & Schmutz

Die Kommune spart auf Kosten von Frauen

Am Anfang steht immer die Idee der Kostenersparnis. Und die Zauberformel dazu heißt: Privatisierung. Viele Städte und Gemeinden überlegen angesichts ihrer desolaten finanziellen Lage, kostenintensive Bereiche kommunaler öffentlicher Aufgaben an private Unternehmen zu übertragen, um so ihren Haushalt zu konsolidieren und zu sanieren. Privatisierung ist allerdings eine heikle Sache und muß sehr differenziert behandelt werden. So sind z.B. Aufgabenbereiche der sogenannten Eingriffsverwaltung, bei denen die öffentliche Verwaltung durch Anordnungen, Ver- und Gebote massiv in das Leben der Bürger/innen eingreifen kann (Polizei, Ordnungsbehörden; Gesundheitsaufsicht usw.), aus rechtsstaatlichen Gründen nicht privatisierungsfähig.

Aber auch die Privatisierung kommunaler Leistungen der Daseinsfürsorge, die eine angemessene (was auch immer das genau sein mag) Lebensqualität der Bevölkerung sichern sollen (Einrichtungen für Sport, Freizeitgestaltung, Kultur und Bildung), ist nicht unproblematisch. Im Prinzip zwar für eine Privatisierung geeignet, wird der Übertragung solcher Bereiche an Private in der Öffentlichkeit meist erbitterter Widerstand entgegengesetzt, da eine Verschlechterung oder Verteuerung des Angebotes (in der Regel zu Recht) befürchtet wird. Viel eher bieten sich da Bereiche an, in denen heimlich, still, sozusagen hinter den Kulissen, eingespart, wegrationalisiert und privatisiert werden kann. Vornehmlich kommen dabei die sogenannten Annex- oder Hilfsaufgaben in Betracht, d.h. der Bedarf, der durch die Verwaltung selbst erzeugt wird, wird durch verwaltungseigene Betriebe und Arbeitskräfte gedeckt. Paradebeispiel dafür: der sehr personalkostenintensive städtische/kommunale Reinigungs- und Putzdienst, der die städtischen Gebäude säubert.

Reinigungsdienst ..... klar, es liegt auf der Hand: es handelt sich natürlich um eine Domäne von Frauen, denn auch im öffentlichen Dienst wird die geschlechtsspezifische Arbeitsteilung konsequent aufrechterhalten. Frauen dürfen mal wieder – unbemerkt von der Öffentlichkeit – den Dreck anderer Leute wegmachen.

Wer nun denkt, die Stadtväter haben sich mehr oder weniger zufällig entschieden, gerade hier einzusparen, der täuscht sich. Schon seit Jahren wird systematisch daran gearbeitet, im Reinigungs- und Putzdienst Personal und Kosten einzusparen und den Weg in die Privatisierung freizuschaufeln. Oft wird diese Entwicklung mit dem Beschluß eingeleitet, die Intervallreinigung einzuführen. Intervallreinigung heißt im Klartext: das Gebäude wird nicht mehr jeden Tag, sondern nur noch alle zwei oder drei Tage geputzt. Diese Methode wird bevorzugt an Schulen „erprobt“ und von der Stadtverwaltung meist sehr positiv beurteilt. Lehrer/innen, Schüler/innen und Eltern haben allerdings eine etwas andere Einschätzung: „Teppichböden sind von festgetretenen Bananen verdreckt. Parkett unter Spülsteinen fault, weil es nicht mehr mit wasserabweisenden Schmutzmitteln behandelt wird. Die Ablagen unter den Tischen stinken, weil vielfach Essensreste liegenbleiben". (ötv-magazin 1/86: 22)

Die gewohnten Sauberkeitsstandards lassen sich also bei der Intervallreinigung nicht mehr halten. Dazu wären dann mehr Arbeitskräfte vonnöten. Aber – es wird an allen Ecken und Enden gekürzt: Es gibt nur noch befristete Arbeitsplätze, freiwerdende Stellen werden nicht mehr besetzt. Der öffentliche Arbeitgeber verwendet in der Regel nicht so gerne die Holzhammermethode Entlassung, sondern bevorzugt die elegantere Lösung: „natürlicher" Personalabbau.

Diese Politik bleibt nicht ohne Auswirkung auf die Putzfrauen. Immer weniger von ihnen müssen in gleicher Zeit die gleiche Fläche reinigen. So werden die Arbeitsnormen sukzessive in die Höhe geschraubt und die Arbeitsbelastung, der die Frauen ausgesetzt sind, rapide erhöht. „In zwei Stunden muß ich acht Klassenräume, einen dazugehörigen großen Flur und mehrere Toiletten- und Waschräume reinigen, neue Seife und Klopapier holen. Das ist kaum zu schaffen," berichtet eine Putzfrau von ihrer Arbeit. (ötv-magazin, 1/86: 23)

Es liegt doch auf der Hand: Wird nur noch alle zwei Tage geputzt, setzt sich der Dreck viel stärker fest und es ist mühselige Arbeit, ihn wegzuwischen. Erhöhung des Arbeitstempos ist die Folge. Konsequenz: Viele Frauen werden aufgrund der erhöhten Belastung krank, sie putzen sich regelrecht kaputt. Fällt eine Kollegin wegen Krankheit aus, sind die anderen Kolleginnen gezwungen, diesen Teil der Arbeit mit zu übernehmen, d.h. die Arbeitshetze steigt weiter oder aber die Frauen sehen sich genötigt, unbezahlte Überstunden abzuleisten, um das Pensum überhaupt zu schaffen. Denn Angst, ihren Arbeitsplatz zu verlieren, haben fast alle.

Schlußpunkt dieser Entwicklung: Die wenigen, übrig gebliebenen städtischen Reinigungskräfte werden in einem Gebäude zusammengezogen und die freigewordenen Gebäude werden an private Unternehmen übergeben, die ja angeblich so viel billiger und besser reinigen können.

Klar, denn bei den Privaten werden die Frauen noch ein bißchen mehr ausgebeutet. Die Arbeitsnormen liegen noch höher als die städtischen, die Frauen werden schlechter bezahlt und sind sozialversicherungsrechtlich nicht abgesichert. Konkret heißt das: Putzfrauen bei privaten Firmen können, da sie in der Regel unterhalb der Versicherungspflichtgrenze beschäftigt sind, höchstens 410,- DM im Monat verdienen (es sei denn, sie arbeiten unter verschiedenen Namen: z.B. 3 Namen = 3 x 410,- DM). Sie haben keinen Anspruch auf mögliche Sozialleistungen wie Weihnachtsgeld. Sie sind weder renten- noch arbeitslosenversichert. Da die Arbeitszeit meist unter zehn Stunden in der Woche gedrückt wird – zumindest offiziell –, entfällt der Anspruch auf Lohnfortzahlung im Krankheitsfall. (vgl. ötv-magazin, 1/86: 23)

Privatisierung der Putz- und Reinigungsdienste bedeutet also:

- ○ **die Kommune spart auf Kosten von Frauen**
- ○ **die Kommune vernichtet Arbeitsplätze vornehmlich von Frauen**, denn durch Privatisierung geht gut ein Drittel der im öffentlichen Dienst eingesparten Arbeitsplätze endgültig verloren.

Dazu kommt, daß die Privatisierungstendenzen im Reinigungsbereich ständig weiter fortschreiten: So sind in Düsseldorf bereits 30% der Reinigungsleistungen privatisiert, in Dortmund 40%, in Münster 42%, in Duisburg sogar 50%. Gelsenkirchen strebt eine 100%ige Privatisierung an. (vgl. AKP 6/86:19)

Der Reinigungsdienst ist erst der Anfang! Die Privatisierung kommunaler Aufgaben wird auch in anderen Bereichen forciert:

- Übertragung von Wäschereien in Krankenhäusern, Alten- und Kinderheimen auf Private
- Übertragung von Küchen in kommunalen Einrichtungen auf Private
- Inanspruchnahme von Schreibkapazitäten privater Schreibbüros

Wird dieses Programm tatsächlich radikal durchgezogen, werden bald eine Menge arbeitslos gewordener Frauen an die Pforten des Arbeitsamtes und eventuell des Sozialamtes klopfen (müssen).

Der Trend ist also klar auf Privatisierung ausgerichtet. Umso wichtiger ist es, dieses Thema in der Ratsarbeit aufzugreifen und in die öffentliche Diskussion zu bringen. Es muß deutlich gemacht werden, daß vor allem die städtischen Arbeitsplätze, auf denen vorwiegend Frauen arbeiten, potentiell gefährdet sind, denn Einsparungen und Stellenabbau wird zuerst dort betrieben, wo am wenigsten Widerstand zu erwarten ist: am schwächsten Glied der Kette.

Ziel muß deshalb sein, diese Stellen zu erhalten und weiteren Stellenabbau zu verhindern und bereits privatisierte Bereiche wieder in kommunale Trägerschaft zurückzuführen. (Nur solange dies nicht erreicht ist, ist es notwendig, durch die Vergabepraxis auch Einsichts- und Kontrollmöglichkeiten über die Arbeitsweise und die Praktiken der privaten Firmen zu erlangen.)

Auch wenn es offensichtlich ist, daß der Kampf um solche Frauenarbeitsplätze, deren Arbeitsinhalte nun wirklich alles andere als erquicklich sind, kein Schritt zur Überwindung geschlechtsspezifischer Benachteiligung von Frauen ist, könnten hier Zeichen gesetzt werden. Zeichen, die auch Frauen, die bei privaten Firmen putzen, Mut machen, sich zu solidarisieren und sich gegen ihre Arbeitsbedingungen zu wehren, sich nicht länger wie „den letzten Dreck“ behandeln zu lassen, den sie womöglich noch selber wegmachen müssen.

Barbara Schneider

Einer Ideologie den Zahn ziehen

Privatisierung — Hintergründe und Auswirkungen

Privatisierung — was ist das?

Privatisierung ist eine feinere Beschreibung für die Tatsache, daß öffentliche Aufgaben oder Dienstleistungen an private Unternehmen vergeben werden. Natürlich nicht alle Dienstleistungsbereiche, sondern in aller erster Linie die gewinnträchtigen. So berichtete denn auch die Frankfurter Rundschau (21.5.86) aus Anlaß der Fachmesse Reinigungstechnik 1986, daß die Gebäudereinigungs-Innungs-Branche in der Vergangenheit überdurchschnittliche Zuwachsraten verzeichnen konnte. Für 1985 wird mit einer Umsatzsteigerung von rund 5% auf etwa 4,3 Milliarden Mark gerechnet.

Außer der Müllabfuhr ist der Putz- und Reinigungsdienst beliebter Ort von Privatisierungsmaßnahmen der Kommunen. So stellt die Industrie- und Handelskammer (IHK) Münster bei einer Erhebung 1983 fest, daß die Gebäudereinigung zu den Spitzenreitern zählt, „wenn es um die Kostenreduzierung durch die Auslagerung von früher kommunal erbrachten Leistungen geht“(1).

Privatisierung kann schleichend oder direkt erfolgen. Schleichend ist sie dann, wenn der Anteil der Eigenreinigung beispielsweise immer weiter reduziert — abgebaut — wird und mit natürlicher Personalfluktuation (d.h. für ausscheidende Beschäftigte wird niemand eingestellt) einhergeht. Das macht Kündigungen überflüssig und bringt weniger Unruhe bei den Beschäftigten und eventuellen Interessenvertretungen, deshalb heißt diese Form auch schleichend. Ihr Nachteil: es ist ein langjähriger Prozeß.

Bei der direkten Privatisierung wird ein Aufgabenbereich ganz an eine private Firma vergeben, die zum Teil auch die Einrichtung (Maschinen) gleich mit übernimmt. Diese Form ist vor allem bei der Privatisierung von Wäschereien oder auch der Müllabfuhr zu beobachten(2).

Mögliche Formen der Privatisierung(3)

- ○ Wahrnehmung öffentlicher Aufgaben durch sog. „Freie Träger“. Sie nehmen Teilkomplexe öffentlicher Aufgaben wahr (z.B. Trägerschaft von Kindergärten) und erhalten dazu finanzielle Zuwendungen der öffentlichen Hand.
- ○ Erfüllung öffentlicher Aufgaben durch rechtlich selbständige Unternehmen der Kommunen, deren Anteile ganz oder überwiegend in kommunaler Hand liegen — „formale“ Privatisierung. Durch diese Gesellschaften ergibt sich eine größere Flexibilität, weil sie sich nicht an all die Regeln, Vorschriften, Verordnungen etc. halten müssen, an die zum Teil die Kommunen gebunden sind.

○ Übertragung von Annexaufgaben oder Hilfstätigkeiten an Private (Gebäudereinigung, Fuhrpark)
○ generelle Übertragung öffentlicher Aufgaben oder zumindest die Durchführung solcher Aufgaben auf Private (z.B. bei Schwimmbädern).

Gründe für Privatisierungsmaßnahmen

Bei der Privatisierung öffentlicher Dienstleistungen spielen kostenökonomische Argumente die zentrale Rolle. Privatisierung wird zuallererst aus dem Blickwinkel der Einsparungsmöglichkeiten für die öffentlichen Haushalte gesehen – Wirtschaftlichkeitsberechnungen sind das Lieblingswort.

Die sog. Wirtschaftlichkeitsberechnungen und daraus resultierenden Argumente der Privatisierungsfans laufen alle darauf hinaus, daß private Firmen billiger sind, die öffentlichen Haushalte so also Geld sparen können. Daß diese Verfechter der Einsparungsargumente häufig auf gläubiges Verständnis in der Öffentlichkeit treffen, rührt daher, daß sie sich eines Tricks bedienen: Sie versuchen ihre Behauptungen dadurch zu beweisen, daß sie

– auf einen sehr eng gefaßten ökonomischen Kostenbegriff (meist sind es nur die Personalkosten) abstellen
– die Kosteneinsparungen nur an einem Einzelhaushalt bzw. Einzelfall demonstrieren
– die mittel- und langfristigen Kosten von Aufgabenübertragungen ignorieren.

Die von den Privatisierungsfans herangezogenen Kostenkategorien sind kapitalorientiert und aus dem Profitmaximierungsgrundsatz der Unternehmen abgeleitet – menschliche Arbeitskraft ist dabei lediglich ein Kostenfaktor unter vielen. Genauer: Steht beim öffentlichen Dienst das Sachziel der Leistungserstellung im Vordergrund, so ist es bei privaten Firmen das finanzielle Rentabilitätsziel – die Gewinne müssen stimmen. Diese Zielsetzung hat zur Folge, daß der Personalaufwand der Gewinnerzielung untergeordnet wird – durch Personaleinsparungen mit der Folge von Arbeitsplatzverlusten (wo vorher 4 Frauen putzten, sind es nun nur noch 3) und daraus resultierender verschärfter Ausbeutung der Arbeitskraft. Das ist dann die höhere Leistungsfähigkeit der Privatwirtschaft.

Folgen und Auswirkungen der Privatisierung

„Durch die Vergabe solcher Dienstleistungen an gewerbliche Gebäudereiniger wird ... der Reinigungsetat (der Kommune) zwischen 20 und 40 Prozent entlastet, häufig mehr. Somit kann eine beachtliche Rationalisierungsreserve durch die Vergabe von Reinigungsaufträgen ausgeschöpft werden.“(4)

In Privatisierungsdiskussionen ist genau dieses erste Argument immer zu vernehmen. Die Privaten sind billiger. Nur wieso das so ist, dafür interessieren sich nur die Kritiker/innen.

Die angeblichen Preisvorteile privater Reinigungsfirmen haben **eine** entscheidende Ursache – die Leistungen der Unternehmen gehen zu Lasten der Beschäftigten.

Tatsache ist außerdem, daß aus der Sicht des öffentlichen Gesamthaushalts eine Kostenentlastung durch Privatisierung nicht oder zumindest in erheblich geringerem Umgang stattfindet. Es treten Kostenverlagerungen auf, die den einen Haushaltstitel zwar entlasten, dafür andere belasten.

Situation der Beschäftigten

Gebäudereinigung in Eigenregie der Kommune ist ein äußerst lohnkostenintensiver Bereich – ca. 90% der anfallenden Gesamtkosten sind Personalkosten(5). Private Firmen geben aber nur rund ein Drittel(!) für Lohnkosten aus

– durch niedrigere Löhne
– versicherungsfreie Arbeitszeit
– ca. 50% höhere Leistungsanforderungen(6).

„Die gewerblichen Gebäudereiniger haben sich auf die rationelle und damit preisgünstige Produktion von Sauberkeit spezialisiert."(7)

Allein der eingesparte Arbeitgeberanteil zur Sozialversicherung liegt bei ca. 16% des Bruttoarbeitslohns. Darüberhinaus entfallen aber in der Regel auch 13. Monatsgehalt, Urlaubsgeld, vermögenswirksame Leistungen und andere Zulagen, die im öffentlichen Dienst geleistet werden.

Nicht-sozialversicherungspflichtige Arbeitszeiten führen dazu, daß ein Teil der Beschäftigten bei Kündigung oder Krankheit auf Sozialhilfe angewiesen ist, da kein Anspruch auf Rentenzahlung oder Arbeitslosenunterstützung erworben wurde.

Wenn die Arbeitskraft nur als Kostenträger interessiert, dann ist auch die soziale Situation und die Arbeitssituation der Beschäftigten ohne Bedeutung. Daß die angeblich größere Wirtschaftlichkeit der Privaten zu Lasten der Lohneinkommen und Gesundheit der Beschäftigten geht, ist die andere Seite der Einsparungsmedaille.

Arbeitsplatzvernichtung

Ein kollektives Problem ist die Vernichtung von Arbeitsplätzen durch Privatisierung (Rationalisierung). Die Gewerkschaft Öffentliche Dienste, Transport und Verkehr (ÖTV) geht in einer Studie nach vorsichtigen Schätzungen davon aus, daß durch Privatisierung etwa 1/3 der im öffentlichen Dienst abgebauten Arbeitsplätze endgültig vernichtet werden, d.h. die gibt es einfach nicht mehr. Nur 2/3 der Arbeitsplätze werden in den privaten Sektor verlagert, d.h. sie entstehen dort neu oder brauchen dort nicht abgebaut zu werden.

Interessant ist auch, daß die von Privatisierung betroffenen Arbeitsplätze sich zu ca. 96% in den Bereichen befinden, in denen Arbeiter/innen (oder vergleichbare Beamte/innen bei der Bundespost) arbeiten. Von diesen waren wiederum 67% Arbeitsplätze von Frauen(8). Außerdem ist ein beträchtlicher Teil der sog. schwervermittelbaren Beschäftigten betroffen (vor allem im Bereich der Garten- und Friedhofsverwaltung).

Kostenumverteilung = Einsparungen und Folgekosten

Die o.a. Einsparungen von 20 bis 40 Prozent können nur errechnet werden, wenn sämtliche Folgekosten in anderen Bereichen ignoriert werden.

- Langfristig ergeben sich Folgekosten aus dem sozialversicherungsfreien Zustand der Arbeitskräfte, die im Rentenalter, bei Arbeitslosigkeit oder längerer Krankheit die Sozialhilfe zusätzlich belasten.
- Steuer- und Einnahmeausfälle, da für ca. 90 % der Beschäftigten keine Lohnsteuer und keine Sozialversicherung abgeführt werden muß.
- Sachliche Folgekosten durch schnelleren Verschleiß der Bausubstanz, Einrichtung etc.
- Verminderung der Reinigungsqualität durch Verstöße gegen Grundregeln von Sauberkeit und Hygiene. Achtet mal darauf, ob in den Etagen der Bürgermeister von privaten Firmen geputzt wird oder nicht. In Mainz jedenfalls werden die Räume des OB, der Dezernenten und der Fraktionen von städtischen Kräften gereinigt – kein Wunder, wenn mensch sich nur die sanitären Räume anguckt, in denen Private ihr Unwesen treiben.
- Regreßforderungen können teilweise nicht eingetrieben werden, da die Firmen zum Teil über minimale Betriebsvermögen verfügen. Zu prüfen wäre auch, wie die privaten Firmen zur Gewerbesteuer veranlagt werden oder ob es da Steuerschulderlasse gibt.

Wenn mensch also die Einsparungsfrage aus der Sicht des Gesamthaushalts betrachtet, sieht die Rechung anders aus.

Es läßt sich begründet vermuten, daß hinter den vielfältigen Privatisierungsvorschlägen nicht nur kostenökonomische Argumentationen stehen, sondern ebenso gesellschaftspolitisch-ideologische Behauptungen der Art, daß private Firmen von vornherein dazu befähigt sind, wirtschaftlicher und rationeller – billiger – zu arbeiten als der öffentliche Dienst. Dies kann jedoch nur über eine enorme Schlechterstellung der Beschäftigten gehen. Von daher bedeuten ideologische Vorstellungen der Privatisierungsfans immer auch einen Angriff auf die erreichten Arbeits- und Lebensbedingungen der Beschäftigten.(9)

Diskussion und Konflikte

Es wurde bereits ausführlich auf die Arbeitsbedingungen eingegangen, die in der privaten Gebäudereinigung herrschen. Arbeitsverträge mit einer täglichen Arbeitszeit von zweieinhalb Stunden sind an der Tagesordnung – und es gibt genügend Arbeitskräfte, die sich auf diese Bedingungen einlassen (müssen). In der Regel sind es Frauen: Ausländerinnen, verheiratete Frauen, die noch ein zusätzliches Einkommen für die Familie erarbeiten (müssen), Sozialhilfeempfängerinnen, die auf den Zusatzverdienst dieser ungesicherten Arbeitsverhältnisse angewiesen sind. Und auch die Arbeitszeiten, die oft in den Abendstunden oder frühen Morgenstunden liegen, sind eine „erträgliche“ Lösung. Bei den praktizierten Arbeitsverträgen wären Sozialabgaben und Steuern eine Belastung, die das Einkommen erheblich schrumpfen lassen würden.

Damit müssen wir uns beschäftigen. Es kann jedoch kein Argument gegen die Abschaffung ungeschützter Arbeitsverhältnisse und sklavischer Arbeitsbedingungen sein. Denn die Frauen werden doppelt ausgebeutet:

- Den Unternehmen sind diese Arbeitsverhältnisse willkommen, da sie schlichtweg kostengünstiger sind, die Arbeitskraft in Teilzeitarbeitsverhältnissen intensiver ausgenutzt werden kann und die Unzufriedenheit der Beschäftigten sich in Grenzen hält, da bei den kurzen Arbeitszeiten Arbeitsbelastung und Ärgernisse leichter in Kauf genommen werden. Bekanntermaßen ist auch der gewerkschaftliche Organisationsgrad ziemlich gering.
- Diese Arbeitsverhältnisse ermöglichen aber auch eine bessere Vereinbarkeit von bezahlter (besser: schlecht bezahlter) Arbeit und unbezahlter Reproduktionsarbeit – Arbeit und Familie lassen sich anscheinend gut unter einen Hut bringen. Von daher sind solche Arbeitsverhältnisse immer auch im Zusammenhang mit dem gängigen Familienleitbild zu sehen – der Mann ist Ernährer, die Frau für Haus- und Erziehungsarbeit zuständig und ihr eventuelles Einkommen ein (oft lebensnotwendiger) Zusatzverdienst. Eine eigenständige Existenzsicherung für Frauen bieten sie nicht, sondern sie fördern im Gegenteil die geschlechtsspezifische Arbeitsteilung und die dadurch bedingte ökonomische Abhängigkeit von Frauen.

Aber auch ein weiterer Konfliktpunkt muß bedacht bzw. berücksichtigt werden. Im Falle der Rekommunalisierung muß die jeweilige Kommune Stellen schaffen. Das ist eine politische Entscheidung, die Geld kostet und für die auch Mehrheiten gefunden werden müssen. Mir ist derzeit nur ein Fall bekannt, in dem eine Rekommunalisierung beschlossen wurde. Im Wetteraukreis wurde im Januar 1986 mit Stimmenmehrheit von GRÜNEN und SPD die künftige Reinigung kreiseigener Gebäude durch eigenes Personal beschlossen.

Zwar gab auch die Hessische Landesregierung zu, daß die 9-jährigen Erfahrungen mit privaten Reinigungsfirmen in der Tendenz dafür sprechen, „die Reinigung mit eigenen Kräften auszuweiten. Vor allem aus sozial- und arbeitspolitischen Gründen solle für die Zukunft sichergestellt werden, ... daß ‚Mißbräuche' zukünftig ausgeschlossen seien". Als „Konsequenz" werden dann aber lediglich Richtlinien empfohlen, die eine bessere Überwachung der Reinigungsfirmen gewährleisten sollen(10).

Anmerkungen

(1) Bundesinnungsverband des Gebäudereiniger-Handwerks, Dottendorfer Str. 86, 53 Bonn 1: Entscheidungshilfen, S. 8
(2) Gewerkschaft Öffentliche Dienste, Transport und Verkehr (Hrsg.): Zur Privatisierung öffentlicher Dienstleistungen, Heft 3: Fallstudie..., März 1977, S. 55; Heft 13: Privatisierung – Angriff auf den Sozialstaat, September 1983, S. 43
(3) Ernst Pappermann: Privatisierung kommunaler Aufgaben: Möglichkeiten und Grenzen, in: Der Städtetag, Heft 4, April 1984, S. 246 ff.
(4) Bundesinnungsverband, a.a.O., S. 5
(5) ÖTV Materialien, Heft 3, a.a.O., S. 70
(6) dito, S. 61 ff.
(7) Bundesinnungsverband, a.a.O., S. 10
(8) ÖTV Materialien, Heft 13, a.a.O., S. 40 ff.
(9) Besonders empfohlen seien hierzu die ÖTV Materialien, Heft 13, und die CDU-Broschüre für praktische Privatisierungsarbeit – Landesverband der MIT der CDU Westfalen-Lippe, Max-Eyth-Str. 1, 46 Dortmund (Hrsg): Privatisierung zur Rationalisierung und Sanierung der öffentlichen Haushalte
(10) ÖTV-Magazin, Nr. 6/86, S. 12

Putzfrauen
Quix

Barbara Schneider/Gisela Lommer/Gundi Haep

Steine in den Weg legen

Erfahrungen mit Rekommunalisierungsanträgen aus Mainz, Bielefeld und Köln

Mainz: Den Reinigungsfirmen auf die Finger klopfen

Die anstehende Neuvergabe von Aufträgen in der Gebäudereinigung war für die Grünen im Mainzer Rathaus Anlaß, sich mit dem Thema Rekommunalisierung zu beschäftigen. Durch ein Interview in der lokalen Presse kam es zu Kontakten mit der Innung der Gebäudereiniger. Die alteingesessenen Handwerksfirmen haben ein eigenes Interesse daran, den guten Ruf ihres Standes wiederherzustellen. Sie waren ihrerseits schon eine Weile in Verhandlungen mit der Stadt, um zu erreichen, daß die Vergabe der Aufträge nach härteren Kriterien erfolgt, und den Billiganbietern, die meist auch die miesesten Praktiken handhaben, das Handwerk zu legen. Ebenso gab es Konsens bei der Forderung nach sozialversicherungspflichtigen Arbeitsverhältnissen (das ist für die Innung mehr ein organisatorisches Problem). Jedenfalls gab es hier in Teilbereichen gemeinsame Interessen (was nicht unwichtig war und ist) und ein Gutachten eines Innungsvertreters zur Vergabepraxis der Stadt. Außerdem bestehen enge Kontakte zur Gewerkschaft Bau-Steine-Erden (BSE) als zuständiger Gewerkschaft für Reinigungskräfte in privaten Firmen und der ÖTV. Wir befragten außerdem Hausmeister und Reinigungskräfte an Schulen.

Im ersten Schritt wurden anstehende Ausschreibungen vertagt, die bestehenden Verträge verlängert, um das Thema zu diskutieren.

Bei den Haushaltsberatungen versuchten wir Stellen für Reinigungskräfte in den Stellenplan zu bekommen, um eine schrittweise Rekommunalisierung festzuschreiben. Dies scheiterte an den Mehrheitsverhältnissen. Allerdings gab es eine mündliche Zusicherung des Oberbürgermeisters, daß neue städtische Einrichtungen von städtischen Kräften geputzt werden und eine Vergabe an private Firmen nicht erfolgen soll.

Im nächsten Schritt legten wir als Ergebnis unserer Beratungen mit Gewerkschaften einen Antrag vor, der verschärfte Kriterien für die Vergabe von Reinigungsaufträgen zum Inhalt hat (siehe nachfolgenden Antrag). Die Punkte 1, 3b wurden angenommen, ebenso weitgehend der Punkt 4b, der vor allem das Ziel hat, daß bestimmte Angebote gar nicht mehr berücksichtigt werden. Die Beschäftigung sozialversicherten Personals und die Arbeitnehmer/innenvertretung wurden nicht aufgenommen, da dem auch zumindest im ersten Fall gesetzliche Grundlagen im Wege stehen.

Zum Abschluß eine kurze Bewertung dieses kleinen Erfolges: Zunächst ist er mal ein Einstieg in die Diskussion zur Rekommunalisierung. Darüber hinaus wird aber nun doch auch gewährleistet, daß die Angebote der Firmen besser geprüft werden und die Billiganbieter rausfliegen. Und gerade die sind es ja auch, die zu den schon unmöglichen Arbeitsbedingungen zusätzliche Erschwernisse schaffen. Da müssen Frauen z.B. erst bei Gericht ihnen zustehende Geldzahlungen (teilweise unter 100,- DM) einklagen – für den Unternehmer rechnet sich das einfach: Nicht jede Frau wird vor Gericht gehen, bei den anderen zahlt er dann anstandslos (nach mehreren Anmahnungen). Schwierig wird es sein, die Einhaltung der Auflagen zu überprüfen.

Barbara Schneider

Antrag für die Stadtratssitzung am 26.2.1986

Ausschreibung von Gebäudereinigungsaufträgen für städtische Gebäude/Einstieg in die Rekommunalisierung

Der Stadtrat möge beschließen:

Die in der Vergangenheit aufgetretenen Mißstände bei der Reinigung in städtischen Gebäuden durch Privatfirmen können nicht länger hingenommen werden.

Es widerspricht der Aufgabe und dem Charakter von Einrichtungen der öffentlichen Hand, Veranlassungen dafür zu bieten, daß Arbeitnehmerinnen/Arbeitnehmer ihrer sozialen und wirtschaftlichen Rechte beraubt werden. Die bisherige Praxis der Vergabe von Gebäudereinigungsaufträgen an Privatfirmen hat solche Folgen bisher nicht verhindern können, sie hat sie in gewisser Weise sogar begünstigt.

Deshalb fordert der Stadtrat Mainz die Verwaltung auf, künftig in der Frage der Reinigung öffentlicher Gebäude/Einrichtungen wie folgt zu verfahren:

1. *Gebäude, die von nun ab neu von der Stadt genutzt werden, sind von städtischem Personal zu reinigen. Entsprechende Stellen sind zu schaffen. Langfristig ist eine Rekommunalisierung der Reinigungsarbeiten in städtischen Gebäuden und Einrichtungen vorzubereiten und durchzuführen.*
2. *Kommunale Einrichtungen, die zur Zeit allein von privaten Firmen gereinigt werden, erhalten je nach Größe und Arbeitsaufwand zwei oder mehr städtische Reinigungskräfte, die entsprechend dem Bedarf der Einrichtung eingesetzt werden.*
3. *Die Reinigung großer Flächen und die Grundreinigungen werden vorerst unter den nachfolgenden (die neuen Ausschreibungsrichtlinien* ***ergänzenden****) Bedingungen an private Reinigungsfirmen vergeben:*
   a) *Die zu beauftragenden Firmen dürfen in städtischen Gebäuden/Einrichtungen nur sozialversicherte Personen beschäftigen.*
   b) *Die Arbeiten dürfen nur von der beauftragten Firma durchgeführt werden. Die Vergabe von Teilarbeiten an andere Firmen oder selbständige Personen ist untersagt und führt zur sofortigen Kündigung des Vertrages.*
   c) *Die beauftragten Firmen müssen eine Arbeitnehmer/innenvertretung haben und der Tarifgemeinschaft angehören.*
4. *Die Vergabe der Lose erfolgt darüberhinaus nach folgenden Kriterien:*
   a) *Angebote, die unterhalb der Summe liegen, die sich aus den nach den Bruttotariflöhnen (sozialversicherungspflichtig!) errechneten Lohnkosten für die zu reinigende Fläche ergeben, werden von vorneherein nicht berücksichtigt.*
   b) *Bei der amtsinternen Errechnung der Angebotssumme werden die KGSt-Werte für durchschnittliche qm-Leistungen pro Arbeitsstunde als oberste Grenze angenommen.*

   Das Hauptamt wird in Zusammenarbeit mit Sachverständigen der Gewerkschaft Bau-Steine-Erden und der Gebäudereinigungs-Innung die qm-Arbeitsleistung, die als Berechnungsgrundlage dienen soll, festlegen.

   Angebote, die sich unter der errechneten Summe (qm-Leistung x Reinigungstage x Tariflohn zuzüglich Materialkosten, sonstige lohnungebundene Kosten, betrieblicher Gewinn) bewegen, werden auf die Gründe für die günstigere Kalkulation überprüft. Das Ergebnis dieser Recherche ist dem Verdingungsausschuß zusammen mit den Vergabeunterlagen mitzuteilen.

5. Mit dem Inkrafttreten dieser Ausschreibungs- und Vergabekriterien wird im Hauptamt eine ganze Stelle für eine/n ausgebildete/n Gebäudereiniger/in mit mehrjähriger Berufspraxis geschaffen. Der/die Stelleninhaber/in wird die Aufgabe haben, die Durchführung ***aller*** *in der Ausschreibung enthaltenen Bedingungen und Reinigungsvorschriften ständig und streng zu überwachen.*

6. Sollte sich herausstellen, daß sich die o.a. sozialen und materiellen Mißstände bei der Reinigung der städtischen Gebäude nicht durch die neue Ausschreibungs- und Vergabepraxis beheben lassen, wird auf dem schnellstmöglichen Weg Personal eingestellt, um die Reinigung der Gebäude und Einrichtungen wieder in städtischer Regie durchzuführen.

Die neuen, nach diesen Vorgaben im Hauptamt zu formulierenden Ausschreibungsrichtlinien sind dem Hauptausschuß im Mai d.J. zur Beratung und Beschlußfassung vorzulegen.

8. Die neuen Ausschreibungsrichtlinien treten am 1. Juli 1986 in Kraft.

Bielefeld: Vorsicht vor den Schlupflöchern der Verwaltung

Privatisierung der Reinigungsdienste – in Bielefeld wie in vielen anderen Städten klammheimlich vor etwa 10 Jahren in die Wege geleitet und stillschweigend von Parteien und Personalrat(!) geduldet. Die miserablen Bedingungen der bei privaten Reinigungsfirmen beschäftigten Frauen zu ändern war Ziel eines Antrags der GRÜNEN/Bunte Liste-Ratsfraktion in Bielefeld, den diese am 21.12.1984 im Personalausschuß einbrachte.

„Städtische Gebäude und Gebäude, in denen städtische Einrichtungen untergebracht sind, werden von städtischen Dienstkräften gereinigt.
Mit Inkrafttreten dieses Beschlusses gilt:

- *Es werden keine neuen Reinigungsaufträge an private Firmen vergeben.*
- *Auslaufende bzw. gekündigte Verträge werden nicht mehr erneuert.*
- *Alle bestehenden Verträge werden zum frühestmöglichen Termin gekündigt.*
- *Die bei den jeweiligen Privatfirmen beschäftigten Frauen werden, mit ihrem Einverständnis, von der Stadt Bielefeld übernommen. Die Übernahme erfolgt auf volle Stellen bzw. in arbeits- und tarifrechtlich geschützte Teilbeschäftigungsverhältnisse, nach den zur Zeit gültigen Reinigungsnormen.*
- *Im Stellenplan 85 wird der entsprechende Mehrbedarf an städtischen Reinigungskräften berücksichtigt."*

Bei einer Übertragung der Reinigungsdienste in städtische Verantwortung hätten 145 neue Stellen geschaffen werden müssen. Obwohl die SPD ihre Augen nicht mehr vor den skandalösen Arbeitsbedingungen in privaten Reinigungsfirmen verschließen konnte, war ihr dies zu teuer. In den Anfang 1985 öffentlich geführten Haushaltsverhandlungen einigten sich GRÜNE/Bunte Liste und SPD schließlich auf folgenden Kompromiß:

1. Die Reinigung neuer Gebäude wird grundsätzlich nicht mehr an Privatfirmen vergeben.

2. Es werden nur solche Firmen beauftragt, die ihre Putzfrauen sozialversichern (d.h., für die Frauen u.a. Anspruch auf Urlaub und Urlaubsgeld, Lohnfortzahlung im Krankheitsfall etc.).

3. Im Rahmen eines Stufenplanes soll bis Ende 1989 die Reinigung städtischer Gebäude wieder ganz in die kommunale Hand überführt werden. (Nachdem dieser Stufenplan den Grünen/Bunte Liste zu vage war, brachten sie in die Haushaltsverhandlun-

gen 1986 einen differenzierten Antrag ein. Danach soll die zu leistende Reinigung 1987 zu 40%, 1988 und '89 zu jeweils 30% rekommunalisiert werden. Dieser Antrag wurde im Personalausschuß verabschiedet.)

Wer nun glaubte, die Dinge nähmen im Sinne dieses Beschlusses ihren guten Verlauf, sah sich bitter getäuscht.

Die Verwaltung „fragte" bei den Firmen schriftlich an, ob sie trotz Sozialversicherungspflicht für ihre Putzfrauen die Gebäude zum bisherigen Preis reinigen könnten. In diesem Fall brauchten die Verträge nur ergänzt zu werden, würden aber ansonsten weiterbestehen. Sei dies nicht möglich, erfolge eine Kündigung des Vertrages. Mehr als die Hälfte der Firmen entsprach diesem Drängen der Verwaltung und verlängerte die alten Verträge zu den neuen Bedingungen. Der Rest wurde neu vergeben, wobei laut Sachbestandsbericht der Verwaltung in fünf Fällen die Kosten zum Teil erheblich gesenkt werden konnten ... (in einem Fall um 23%!). Der Stadtkämmerer freute sich: Von den 25% Mehrausgaben, die der Personalausschuß im Etat bereitgestellt hatte, wurden nur sage und schreibe 4%(!) in Anspruch genommen.

Diejenigen, deren Situation durch den „Rekommunalisierungsbeschluß" verbessert werden sollte, hatten wieder einmal das Nachsehen: Die Anzahl der Reinigungskräfte wurde verringert, die Arbeitszeit der Verbliebenen erheblich erhöht. Zum Vergleich: In einer Gesamtschule putzen heute nur noch 19 statt bisher 32, in einer anderen Schule nur noch 5 von ehemals 9 Frauen. Die städtische Norm liegt bei 125 qm bis 140 qm/Std. Kein Wunder, daß in diesen Gebäuden nicht mehr gründlich gereinigt werden kann. Die Beschwerden der Benutzer wie auch der Putzfrauen, die sich den Normen nicht mehr gewachsen fühlen, mehren sich.

Fünf Frauen, die für eine private Gebäudereinigungsfirma eine städtische Schule putzen, machten dann im November 1985 in einem Brief an alle Ratsmitglieder auf ihre skandalösen Arbeitsbedingungen aufmerksam und forderten, sie „von dem Makel, Reinigungsfrauen zweiter Klasse zu sein, zu befreien" und „die Reinigung der Schule der Stadt zu übertragen".

20,5 im Haushalt 1986 neu ausgewiesene Stellen, die im Sinne eines Antrags der Bielefelder GRÜNEN/Bunten ursprünglich die Reinigung zweier Objekte in kommunale Hand zurückführen sollten, wurden jetzt an die Objekte gebunden, in denen die oben beschriebenen Konflikte am größten aufgetreten sind.

Der erwähnte Stufenplan wird allerdings möglicherweise eine weitere negative Konsequenz für die bei der Stadt Bielefeld derzeit beschäftigten und künftig zu beschäftigenden Frauen im Reinigungsdienst haben. Unter der Leitung eines „Reinigungsmeisters", eigens eingestellt zum 1. Oktober 1985, sollen nach Ablauf eines Modell-Versuchs die städtischen Reinigungsnormen kräftig erhöht werden. Denn, laut Sachstandsbericht der Verwaltung: „(...) wird es wichtig sein, die Schere zwischen den Kosten der Eigenreinigung und der Fremdreinigung zu verringern."

Schwere Zeiten für Reinigungsfrauen in Bielefeld und anderswo – und die Notwendigkeit für uns, die Diskussion zu forcieren sowie eine gemeinsame Vorgehensweise zu erarbeiten!

Gisela Lommer

Köln: Kommunale Eigenbetriebe/-Gesellschaften – Die Lösung des Problems?

Als ich im Okt. '84 in den Ausschuß für Allgemeine Verwaltung und Rechtsfragen gewählt wurde, war die Situation bezüglich der Reinigung der Stadt Köln die folgende:

Am 10.5.83 hatte der Rat beschlossen, statt der bisher üblichen täglichen Reinigung in öffentlichen Gebäuden die 2-Tage-Reinigung einzuführen, und zwar unabhängig davon, ob die Stadt selber reinigt oder durch Privatfirmen (die damals auch schon beschäftigt waren) reinigen läßt. Das sollte zu einer Stellenersparnis von 700 Stellen (fast alle halbe Stellen und Frauenarbeitsplätze) führen und insgesamt ca. 1 Mio. DM einsparen. Dies geschah natürlich gegen den Willen des Personalrates und der ÖTV. Am 15.11. desselben Jahres wurde, nicht zuletzt wegen massiver Proteste der Bevölkerung, Schulen, Reinigungsfrauen etc., dieser Beschluß etwas aufgeweicht: In Kindertagesstätten, Sonderschulen etc. wurde wieder täglich geputzt, gleichzeitig wurde eine 15%ige „Springerreserve" von Reinigungsfrauen eingerichtet.

So weit so gut, die Grünen forderten im Kommunalwahlprogramm die Wiedereinführung der täglichen Reinigung und die Rekommunalisierung der Reinigungsdienste. Dasselbe stand auch im Wahlprogramm der Sozialdemokraten. Anfang '85 stellten diese einen Prüfantrag an die Verwaltung, die Möglichkeit der Wiedereinführung der täglichen Reinigung sowie andere Organisationsformen der Reinigung auf ihre Wirtschaftlichkeit hin zu überprüfen. Mit Organisationsform meinten sie eine verwaltungsinterne Änderung: einen Eigenbetrieb oder eine Eigengesellschaft (s. Kasten).

Hier sollte eine neue Variante dazu dienen, sich des Problems zu entledigen bzw. Entscheidungen zu verzögern.

In der Tat sind die Knackpunkte eines kommunalen Eigenbetriebes/einer Eigengesellschaft nicht ohne weiteres auf den ersten Blick erkennbar. Nach Gesprächen mit dem Personalrat, der Frauengleichstellungsstelle und des ÖTV-Kreisfrauenausschusses kristallisierten sich allerdings sehr schnell die Nachteile, die eine solche Veränderung der Organisationsstruktur für die betroffenen Frauen mit sich bringen würde, heraus:

- Es ist nicht gewährleistet, daß es bei der neuen Organisationsform nicht zu einem Stellenabbau kommt. Die zu leistende Arbeit wird auf wenige Kolleginnen verteilt, die damit unzumutbar belastet werden. (Schon 1983 wurden durch eine 10%ige Leistungssteigerung 160 Arbeitsplätze eingespart.)
- Bei einer Umorganisation fällt der Reinigungsdienst nicht mehr in den Einzugsbereich des Landespersonalvertretungsgesetzes (LPVG) und damit des Gesamtpersonalrates (GPR). Die Einflußmöglichkeiten eines Betriebsrates in einem kommunalen Eigenbetrieb sind aber weitaus geringer als die des GPR.
- Durch die Herauslösung des Reinigungsdienstes aus der Stadtverwaltung werden die Kolleginnen in eine persönliche und gewerkschaftliche Isolierung gedrängt (Stichwort: Entsolidarisierung).

- Die Kontrollmöglichkeiten des Rates sind bei einem städtischen Betrieb und (noch mehr) einer GmbH weitaus schlechter, zudem ist der nötige Informationsfluß nicht gewährleistet. Während die Transparenz bei einem kommunalen Eigenbetrieb vergleichsweise größer ist, stellt die städtische Gesellschaft sicherlich einen Schritt in die Privatisierung der Reinigung durch die Stadt selbst dar (s. Kasten).
- Laut Antrag der SPD-Ratsfraktion sollen zwar die tariflichen Strukturen aus dem Beschäftigungsverhältnis mit der Stadt Köln gewahrt bleiben, ungeklärt bleibt allerdings, was mit den „kaputtgeputzten", d.h. arbeitsunfähigen Frauen bei einer kommunalen Eigengesellschaft passiert.Die Arbeiterinnen der Reinigungsgesellschaft stünden bei Berufsunfähigkeit auf der Straße – der Ausweitung ungeschützter Arbeitsverhältnisse würde wiederum Vorschub geleistet.

Eigenbetrieb und Eigengesellschaft

Eigenbetriebe und Eigengesellschaften haben beide die Aufgabe, kommunale Tätigkeiten wie Reinigen, Gesundheitsfürsorge, Kinderfürsorge usw. zu verwalten.

Der **Eigenbetrieb** ist allerdings stärker an die Stadtverwaltung und damit auch an den Rat der Stadt gebunden, weil ein Ausschuß sich mit Wirtschaftsplänen, Erfolgs- und Bilanzrechnung usw. beschäftigt. Bei einer **Eigengesellschaft** (GmbH) ist dies Aufgabe eines Vorstandes, der von einem Aufsichtsrat kontrolliert wird, in dem in aller Regel auch ein paar Ratsmitglieder sitzen (oftmals sind die Grünen nicht dabei).

Die Ausschußsitzungen sind alle 4 Wochen, die Aufsichtsratssitzungen dagegen nur ein- bis zweimal im Jahr. Dies sagt schon einiges über den Informationsfluß aus: Im Falle der GmbH ist er denkbar schlecht. Man erfährt auf den Aufsichtsratssitzungen fast nichts über die Probleme im Betrieb oder unter den Beschäftigten. Dies ist im Ausschuß für einen Eigenbetrieb wesentlich besser: Der Leiter des Betriebes und der Personalrat sitzen mit im Ausschuß und können den Ratsmitgliedern Rede und Antwort stehen.

Für die Beschäftigten bedeutet die Umwandlung in eine GmbH: ab jetzt muß der Betrieb wirtschaftlich arbeiten. Vorher sollte er es zwar auch, aber ein Eigenbetrieb darf keinen Gewinn machen, während eine GmbH fast dazu gezwungen ist. Die Anforderungen an die Beschäftigten steigen also enorm, da es sich ja meistens um Dienstleistungen handelt, die von der Privatwirtschaft durch Unterlaufen der Tarife realisiert werden. Für die Reinigungsdienste bedeutet dies: In einem Reinigungsbetrieb würden die Frauen weiterhin nach ÖTV-Tarif bezahlt (sie sind ja quasi noch bei der Stadt beschäftigt); bei einer Gesellschaft erhielten sie hingegen nur den niedrigeren Bau-Steine-Erden-Tarif.

Der Vollständigkeit halber sollen noch die „beliebtesten" Argumente der Befürworter/innen der städtischen Reinigung durch kommunale Eigenbetriebe/-gesellschaften genannt werden:

- Es ist übersichtlicher, alle Reinigungsarbeiten, auch die Fremdreinigung, unter einem Hut zu haben.
- Auch wenn sich Mehrheiten im Rat ändern, bleibt eine kontinuierliche Leitung des Betriebes gewährleistet. Die beschäftigten Frauen hätten nicht bei jeder Wahl Veränderungen zu befürchten. (In Köln regiert seit 30 Jahren die SPD).
- Eine eigene Betriebsleitung mit Ratskontrolle enthebt die Stadt der lästigen Aufgabe, einen gesamten Ausschuß mit der Sache der Reinigung zu befassen.
- Im Gegensatz zu dem Argument, daß die Einflußmöglichkeiten eines Betriebsrates in einem kommunalen Eigenbetrieb geringer sind als die des GPR, wird ins Feld geführt, daß der Betriebsrat mehr Mitbestimmungsrechte hat als der Personalrat.
  (Stimmt auch, aber der Personalrat der Stadt Köln mit 22.000 Beschäftigten hat trotzdem mehr Einfluß auf die Politik als ein Betriebsrat eines Betriebes mit 800 halbangestellten Reinigungsfrauen, die für die Stadt Köln wohl auf der untersten sozialen Stufe stehen.)

Dies konnte uns allerdings wenig überzeugen und so blieben wir nach Abwägung der Argumente Für und Wider kommunaler Eigenbetriebe bei unseren ursprünglichen Forderungen und brachten einen entsprechenden Gegenantrag (Wiedereinführung der täglichen Reinigung und Rekommunalisierung) ein. (Es sei allerdings noch erwähnt, daß es auch in unserer Fraktion Befürworter/innen der Idee eines kommunalen Eigenbetriebes gab.)

Die Ausschußsitzung schließlich, in der die Organisation der Reinigungsdienste behandelt wurde, fand unter der regen Teilnahme von ca. 50 Frauen statt. Sie waren gekommen, um sich die Argumente von SPD, GPR und Grünen anzuhören – wobei sie eindeutig unsere Ausführungen unterstützten. Sie sprengten alleine durch ihre Anwesenheit die Sitzung, da nicht genügend Stühle vorhanden waren. Auch der Ausschußvorsitzende, der soviel Öffentlichkeit nicht gewöhnt ist, zeigte sich von einer freundlicheren Seite.

Trotzdem: Es half nichts. Unser Antrag wurde niedergestimmt und stattdessen dem Prüfantrag der SPD stattgegeben.

Nachsatz:

Mittlerweile scheint es sich die SPD anders überlegt zu haben. Aus dem Prüfantrag resultierte bereits 1½ Jahre später ein Antrag der SPD, die tägliche Reinigung an Schulen unter städtischer Regie wieder einzuführen. (Es scheint, daß der Personalrat seine Genossen davon überzeugen konnte, daß es besser sei, weder einen Eigenbetrieb noch eine Eigengesellschaft zu gründen.) Es ist allerdings fast überflüssig zu erwähnen, daß über diesen Antrag nicht entschieden wurde. Er wurde erst einmal in die Haushaltsberatungen Ende des Jahres vertagt, da ja der Stellenplan erweitert werden müßte. Es wäre ja auch zu schön gewesen, wenn die Genossen Lernbereitschaft gezeigt hätten.

Gundi Haep

Nachttaxi für Frauen – Eine Idee rollt an

Doris Kuhlmann/Elke Steg

Nachttaxi für Frauen oder Ausgangsverbot für Männer?

Eine kontroverse Diskussion um Sinn und Zweck des Nachttaxis

„Abends und nachts als Frau allein unterwegs zu sein bedeutet Angequatsche, Anmache, Anpöbelei und tätliche Angriffe bis hin zu Vergewaltigung. Jede Frau kennt diese Situationen. Wir richten uns darauf ein: machen Umwege, um bestimmte Straßen und Plätze zu meiden; gehen nicht allein; lassen uns abholen; bleiben zu Hause … Sind wir dennoch allein unterwegs, kennt jede Frau die innerliche Spannung und Angst, mit der wir uns bewegen. Diese Angst ist nicht etwa im Wesen der Frau zu suchen, sondern nur durch die Männergewalt gegen Frauen zu erklären. Und da wir es den Männern, die uns begegnen, nicht ansehen können, welche Absichten sie haben, ist jeder Mann für uns ein möglicher Vergewaltiger. Es gibt für uns eben kein Rezept, die „Harmlosen“ von den „Gefährlichen“ zu unterscheiden. Gewalt gegen Frauen geht immer von Männern aus, egal welchen Alters sie sind, egal welchen Beruf sie ausüben. Diese Gewalt, die seit ewigen Zeiten in allen Bereichen des Alltags existiert, ist leider auch nicht von heute auf morgen zu ändern.

Damit wollen wir uns nicht abfinden. Wir wollen wenigstens die Auswirkungen da gemildert wissen, wo es möglich ist: Nämlich in der Ausweitung der Bewegungsfreiheit von Frauen abends und nachts in der Öffentlichkeit. Darum entstand die Forderung nach einem Nachttaxi für Frauen.“

(Aus einem Flugblatt der Bielefelder Nachttaxi-Initiative)

Gewalt gegen Frauen ist kein individuelles Problem, sondern spiegelt das real vorhandene gesellschaftliche Machtverhältnis zwischen den Geschlechtern wider, hat seine Ursachen also in den patriarchalischen Gesellschaftsstrukturen. Gewalt gegen Frauen ist allgegenwärtig: Am Arbeitsplatz, zu Hause, in der Öffentlichkeit, in den Medien, auf der Straße … Frauen bleibt oft nichts anderes übrig, als individuelle „Schutzstrategien“ zu entwickeln, die aber in den meisten Fällen dazu beitragen, daß sie sich selbst etwas „antun“: SIE ziehen sich aus der Männeröffentlichkeit zurück, SIE gehen abends nicht mehr auf die Straße, SIE verzichten darauf, alleine etwas zu unternehmen, SIE reagieren mit Selbstbeschränkung auf Gewaltverhältnisse, die sie nicht zu verantworten haben!

Aber damit nicht genug! Frauen wird auch noch die Verantwortung für ihre eigene Sicherheit auferlegt. Welche Frau kennt sie nicht, die Aussprüche des sogenannten Volksmundes: „Junge Mädchen, die trampen, sind selbst schuld, wenn ihnen etwas passiert“, oder „Eine anständige Frau geht abends nicht mehr alleine aus dem Haus“.

Bei Übertretungen des faktischen Ausgehverbotes für Frauen ist das Patriarchat mit Schuldzuweisungen schnell bei der Hand; die Tatsache, daß Frauen sich ja keineswegs leichtfertig in Gefahr begeben, sondern ständig und überall von Männergewalt bedroht sind, wird dabei vollkommen ignoriert. Männergewalt ist das extremste Mittel, Frauen einzuschüchtern und zu disziplinieren. Seitdem es die Frauenbewegung gibt, werden diese Zusammenhänge immer wieder öffentlich thematisiert und über Lösungsmöglichkeiten und Gegenstrategien nachgedacht.

Nachttaxi – eine vieldiskutierte Forderung

Als ein möglicher Ansatzpunkt, das Thema Gewalt gegen Frauen zu diskutieren und gleichzeitig konkrete Verbesserungen für Frauen durchzusetzen, ist in letzter Zeit die Forderung nach einem Nachttaxi für Frauen in das öffentliche Blickfeld geraten. Nachttaxi heißt, daß **jede** Frau nach Einbruch der Dunkelheit ein Taxi zum Preis der öffentlichen Verkehrsmittel benutzen kann. Der Differenzbetrag, der den Taxiunternehmen entsteht, wird aus den Finanzmitteln der Kommune getragen.

Selbstverständlich ist die Nachttaxi-Forderung nicht unproblematisch. Daher müssen die Vor- und Nachteile eingehend diskutiert werden. Denn unter Umständen können durch das Nachttaxi Entwicklungen begünstigt oder verstärkt werden, die weder wünschenswert noch beabsichtigt sind. Es ist notwendig, sich ständig zu vergegenwärtigen, daß die Forderung nach einem Nachttaxi einen defensiven Charakter hat, weil sich an den Ursachen der Gewalt gegen Frauen nichts ändert und daß immer nur ein Teilbereich der Gewalt gegen Frauen thematisiert wird.
Die Kritikpunkte im Einzelnen:

- Die Nachttaxiforderung ist zu defensiv. Männer werden dadurch nicht gezwungen, ihr Verhalten gegenüber Frauen zu hinterfragen oder sich intensiver mit dem Thema Gewalt gegen Frauen auseinanderzusetzen. Denn im Prinzip ändert sich ja nichts! Die Straße bleibt weiterhin die Domäne der Männer. Frauen treten abends und nachts noch seltener als bisher im öffentlichen Raum „Straße“ in Erscheinung, sie „flüchten“ in ein Taxi, zeigen offen, daß sie Angst vor den Zudringlichkeiten und der Gewalttätigkeit der Männer haben und begeben sich weiterhin in den fragwürdigen Schutz von Männern, denn Taxifahrerinnen sind immer noch die Ausnahme. Männer können sich dadurch nur bestätigt fühlen, ihre Rolle als „Herren“ und „Beherrscher“ der Straße wird so voll legitimiert; es ist zu befürchten, daß sie sich noch breiter machen, sich noch besitzergreifender verhalten, als sie es sowieso schon tun. Die Privilegien der Männer werden nicht angetastet, Frauen erhalten mit dem Nachttaxi lediglich eine „Durchfahrtsgenehmigung“ durch ein männerdominiertes Gebiet. Es werden nicht die Ursachen der Männergewalt gegen Frauen beseitigt, es wird Frauen nur erleichtert, sich den Auswirkungen dieser Gewalt in einem Bereich ein Stück

Wer hat Angst vorm Schwarzen Mann?
Ein Plädoyer für Selbstverteidigung

Frauen aller Altersstufen leben mit einer permanenten Angst. Es ist die Angst vor männlicher Gewalt.

Manchmal nehmen wir die Angst nicht mehr wahr, weil wir viele Methoden entwickeln mußten, um die Angst nicht manifest werden zu lassen. Meistens handelt es sich dabei um Verdrängungs- oder Vermeidungsstrategien. Wir erlauben uns erst gar nicht mehr den Spaziergang unterm Sternenhimmel in einsamer Gegend, geschweige denn in Waldnähe ... und vieles mehr. Frauen haben gelernt, mit der Angst zu leben.

„Sei vorsichtig!" „Paß auf!" „Laß dich nicht ein!" Uns nicht einlassen? Auf wen? Nicht einlassen auf den ‚schwarzen Mann'. Der schwarze Mann ist der unbekannte Mann, der Mann auf der Straße, der fremde, böse Mann.

Dieses Bild braucht ein notwendiges Gegenüber. Etwas, das heil und gut ist: Den bekannten Mann, den Ehemann, die Beziehung, die Familie. Hier brauchen wir keine Angst zu haben.

Diese Illusion ist mörderisch. Aber wir haben sie gelernt. Und diese Illusion brauchen wir. Wozu? Um das Spiel „Wer hat Angst vor'm schwarzen Mann?" zu Ende spielen zu können. Denn wir müssen die Frage „Und wenn er aber kommt?" (der schwarze Mann) beantworten können:

Dann laufen wir davon!

So endet jedenfalls das bekannte Kinderspiel.

Der Wettlauf der Frauen mit der eigenen Angst endet auch so: Wir brauchen die Illusion von einem sicheren Ort, um unsere Angst zu ertragen. Wir brauchen die Illusion, um nicht zu merken, daß die Angst in uns und um uns ist. Wir brauchen die Illusion, wegrennen zu können an einen sicheren Ort.

Ent-täuschen können wir uns nur, wenn wir die Angst anpacken und das Schema durchbrechen, das wir Frauen verdammt gut lernen mußten und immer wiederholen: den defensiven Rückzug, unseren Anteil an der Gewaltstruktur.

Selbstbehauptung/Selbstverteidigung

Wenn Frauen auf ihren Anteil an der Gewaltstruktur verzichten wollen, dann können sie sich nicht mehr von Männern vor männlicher Gewalt schützen (lassen!), sie können sich nur selbst schützen. Das setzt die Erfahrung voraus, daß Frauen nicht hilflos sind, sondern sich erfolgreich verteidigen können. Diese Erfahrung können wir heute schon im Selbstbehauptungs-/Selbstverteidigungstraining machen. Dort geht es darum, unsere Angst einzuschätzen, unsere Wut rauszulassen und unsere Stärke auszuprobieren. In dem Training können wir uns kritisch mit der herkömmlichen Situation von Frauen auseinandersetzen und alle Ansätze und Strategien zur Aufhebung der geschlechtsspezifischen Arbeitsteilung mitverfolgen, denn diese bilden den gesellschaftlichen Rahmen, der sexuelle Gewalt gegen Frauen fortschreibt.

Zurück zum Taxifahren. Wie wär's also für alle, die an dieser Forderung hängen, anstatt die potentiellen Opfer von der Straße zu holen, die potentiellen Täter von der Straße zu vertreiben: Männer nach Anbruch der Dunkelheit ins Taxi, unseretwegen auch zum öffentlichen Nahverkehrstarif!!

Marita Blauth

weit zu entziehen. Um es anders auszudrücken: Frauen wird eine weitere Möglichkeit angeboten, sich in ihrer Angst passiv einzurichten, anstatt offensiv zu werden. (Aber wer definiert, was offensiv eigentlich ist? Für manche Frau ist es u.U. eben schon ein „revolutionärer Schritt", sich in ein Taxi zu setzen und etwas **für sich** zu unternehmen.)

- Es ist abzusehen, daß Frauen durch das Nachttaxi zusätzlich die Verantwortung für ihre eigene Sicherheit aufgebürdet wird – und zwar noch stärker als bisher. Es muß auf jeden Fall verhindert werden, daß Frauen, die Opfer einer Gewalttat geworden sind, weil sie das Recht in Anspruch genommen haben, sich nachts frei auf der Straße zu bewegen, auch noch die Schuld zugeschoben bekommen nach dem Motto: „Wärst Du mit dem Taxi gefahren, wäre das nicht passiert."
- Die Nachttaxiforderung lenkt die Aufmerksamkeit nur auf eine bestimmte Form der Gewalt: Den nächtlichen Angriff eines Unbekannten auf eine Frau an einem dunklen Ort. Diese Vorstellung entspricht dem allgemeinen klassischen Vorurteil über Vergewaltigung und sexuelle Nötigung. Dabei sind die meisten Straftaten gegen das sexuelle Selbstbestimmungsrecht der Frau Beziehungstaten, verübt von Bekannten, Verwandten, Freunden, Nachbarn, Ehemännern und Vätern. Wenn also die Hoffnung besteht, daß durch die Einführung des Nachttaxis die Gewalt gegen Frauen abnimmt, so ist dies eine Illusion: Nicht die Gewalt wird verhindert, sondern nur ein Stück Angst, mit der Frauen tagtäglich leben müssen, wenn sie sich in die männerdominierte Öffentlichkeit wagen.

Obwohl all diese Kritikpunkte berechtigt und wichtig sind, gibt es viele Gründe, trotzdem die Einrichtung eines Frauennachttaxis auf kommunaler Ebene zu fordern.

- Das Nachttaxi kann ein Anstoß für Frauen sein, ihre Isolierung und Selbstbeschränkung zu durchbrechen. Jede Frau kann ihren individuellen Nutzen daraus ziehen:
  - Frauen, die aus Angst abends nichts mehr allein unternehmen, die nicht nach ihren Bedürfnissen entscheiden, sondern danach, ob sie eine Möglichkeit sehen, wieder sicher nach Hause zu kommen.
  - Frauen, die nichts mehr unternehmen können, weil entweder kein Bus mehr fährt oder keine Bahn.
  - Frauen, deren finanzielle Situation die Bezahlung des regulären Taxitarifs nicht zuläßt.
  - Frauen, die über kein eigenes Auto verfügen und nicht ständig auf andere angewiesen sein möchten.
  - Frauen, die aus beruflichen Gründen abends unterwegs sein müssen.
  - Frauen können durch das Nachttaxi ermutigt werden, stärker am öffentlichen Leben teilzunehmen.

  Zwar werden Frauen sich nicht von heute auf morgen die Straße zurückerobern, aber sie können ihre Präsenz in bestimmten Bereichen des öffentlichen Lebens verstärken: Sie können an politischen und kulturellen Veranstaltungen teilnehmen, Freizeit- und Weiterbildungsangebote wahrnehmen oder ganz einfach in die Kneipe gehen.

○ Längerfristig betrachtet wird sich auch im alltäglichen Leben von Frauen etwas ändern. Dies gilt nicht so sehr für diejenigen Frauen, die schon heute ihre Interessen wahrnehmen und sich – trotz ihrer Angst – nicht an das faktische Ausgangsverbot halten. Aber vielleicht fangen sogar die Frauen, die die Beschränkung ihrer Bewegungsfreiheit schon fast als „normal" akzeptiert haben, an, die Selbstverständlichkeit, mit der sie sich selbst einschränken, in Frage zu stellen. Das Nachttaxi kann also Frauen eine Chance bieten, sich neue Freiräume zu schaffen, auch wenn ganz klar ist, daß die Bedrohung und Gefährdung durch Männergewalt gleich bleibt.

○ Mit der Nachttaxi-Forderung wird erneut eine öffentliche Diskussion über Männergewalt gegen Frauen in Gang gesetzt. Es ist möglich, über das Thema Nachttaxi auch mit „nicht-frauenbewegten" Frauen und Männern ins Gespräch zu kommen, die bei anderen Themen zur Männergewalt schnell abblocken.

○ Die Taxi-Forderung bietet eine praktische, hier und jetzt umsetzbare Möglichkeit für Frauen, ihr **Recht** auf gleichberechtigte Teilnahme am öffentlichen Leben, ihr Recht auf gleiche Bewegungsfreiheit einzufordern und direkt wirksame Verbesserungen zu erzielen.

○ Die Taxi-Forderung ist eine ganz konkrete Forderung an die Stadt/Kommune. Gerade vor dem Hintergrund, daß Männergewalt gegen Frauen ein gesellschaftliches Problem ist und nicht in die individuelle Zuständigkeit der einzelnen Frau zurückdelegiert werden darf, muß u.a. die Kommune in die Pflicht genommen werden, dafür zu sorgen, daß der allnächtliche Ausnahmezustand, das faktische Ausgehverbot für Frauen aufgehoben wird.

○ Das Nachttaxi ist selbstverständlich keine Lösung des Problems Gewalt gegen Frauen. Aber es ist ein erster Schritt, der Frauen die Möglichkeit verschaffen kann, abends und nachts angstfreier und sicherer unterwegs sein zu können.

Bettina Markmeyer/Elke Steg

Die Geschichte des Nachttaxis ist jung und bewegt

Erfahrungen aus verschiedenen Städten

Das Nachttaxi hat einiges ins Rollen gebracht. In vielen Städten gibt es Anträge, Modellversuche und eine Menge Frauen, die sich in Initiativen zusammengeschlossen haben, um sich für die Einrichtung des Nachttaxis einzusetzen. Aber die Widerstände und der politische Gegendruck sind enorm. Mancherorts bedeutet dies das „Aus" fürs Taxi.

Berlin:

Hier wurde die Nachttaxi-Forderung erstmalig Ende 1983 erhoben – nach dem Vergewaltigungsmord an Susanne Matthes und einer ganzen Serie von weiteren Gewalttaten gegen Frauen. Von vielen Frauengruppen und -initiativen unterstützt, von den etablierten Parteien aber wenig ernst genommen, wurde der Antrag auf Einrichtung eines Frauennachttaxis schließlich der Verwaltung zur Überprüfung übergeben. Vorschläge und Kostenansätze zur „Sicherheit von Frauen und Mädchen vor Gewalt in der Öffentlichkeit" sollten erarbeitet werden – bis Ende 1984. Knapp zwei Jahre mußte sich die interessierte Frauenöffentlichkeit gedulden, bis das Gutachten endlich – im Sept. 1986 – fertiggestellt und veröffentlicht wurde. Das Ergebnis der Expertise: Das Frauennachttaxi sei zu teuer, laut Rechnung der Verwaltung soll es 250 Mill. DM für Berlin kosten!

Angesichts solcher Summen schien es der Verwaltung doch angebracht, nach anderen „Lösungsmöglichkeiten" für das Problem Gewalt gegen Frauen zu suchen, die effizient, praktikabel und finanzierbar sein sollten, und nannte u.a. folgende Maßnahmen:

- Erhöhung des Schutzes durch Verstärkung der Polizeipräsenz
- und durch stärkere Beleuchtung der Nebenstraßen
- Erhöhung der Verteidigungsfähigkeiten der Frauen durch Selbstverteidigung (ist ja im Prinzip nichts gegen einzuwenden, bloß wenn dann noch nicht mal konkrete Angebote und Durchführungsmöglichkeiten genannt werden, wird frau den Eindruck nicht los, daß es hier weniger um die Sicherheit von Frauen als um die „Demonstration eines guten Willens zum Nulltarif" geht).

Das Gutachten bewertete das Frauennachttaxi – neben den errechneten hohen Kosten – noch aus einem anderen, moralisch-politischen Grunde sehr kritisch. Denn die Trennung der Geschlechter werde in einem weiteren gesellschaftlichen Bereich verstärkt, wo doch die Frauenpolitik des Berliner Senats darauf abziele, die unterschiedlichen gesellschaftlichen Wirkungsbereiche von Männern und Frauen zusammenzuführen. Eine bewußt auf Trennung abzielende verkehrspolitische (!) Maßnahme – auch zum Schutze der Frau – müsse grundsätzlich als problematisch eingeschätzt werden. (Vergl. Expertise des Berliner Senats, S.12). Die Senatorin für Familie und Gesundheit setzte schließlich noch eins drauf: „Wenn man die Frauen aus dem Straßenbild herausnähme, würde man das Gewaltpotential auf andere loshetzen." Vorhandene Gewalttätigkeit würde sich dann an Jungen und Alten austoben, vermutete sie. (Vergl. TAZ, 24.9.86). Dem ist wohl nichts mehr hinzuzufügen.

Tübingen:

Tübingen machte Furore, weil es die erste Stadt war, die im Gemeinderat ein Frauennachttaxi beschloß (März 1985). Allerdings wurde daraus später ein Sammeltaxi für Frauen **und** Männer, aber dazu ausführlicher der Bericht von Susanne Maurer in diesem Kapitel.

Köln:

In Köln sollte am 1. Sept. 1986 ein Modellversuch gestartet werden. Beschlußfassung und Umsetzung der Vorschläge wurden allerdings derart verschleppt, daß in diesem Jahr gar nichts mehr passieren wird.

500.000 DM sollten ursprünglich für den Versuch, der, bis auf einige Einschränkungen, dem Bielefelder Modell entsprach, zur Verfügung stehen. Im Herbst 86 wurde in Köln eine Haushaltssperre beschlossen, die bis zum Jahresende eine Kürzung aller Posten um 30% zur Folge hat und den Nacht-Taxi Versuch sogar in Frage stellt. Während die Grünen gegen Verschleppungstaktik und Finanzschlamassel auf Kosten der Frauen zu Felde ziehen, laviert die dortige SPD an einem wenig überzeugenden ‚Endhaltestellenkonzept' herum.

Hannover:

In Hannover wird auf Initiative der SPD ein Taxikonzept erprobt, das allerdings überhaupt nichts mit dem Frauen-Nachttaxi zu tun hat. Im Bus oder in der Bahn kan man/frau telefonisch an die Endhaltestelle ein Taxi bestellen, so daß die Wartezeiten wegfallen. Zu zahlen ist, von Männern und Frauen gleichermaßen, der volle Fahrpreis. Kurz: normaler Taxibetrieb mit besonderem Service. Aus Protest gegen die Ablehnung des Nacht-Taxi Antrages betrieb die dortige GABL (Grün-Alternative Bürgerliste) eine Nacht lang mit Privatautos ein Frauen-Taxi, gefahren wurde reichlich, die Aktion war ein voller Erfolg.

Gießen:

Auch in Gießen verzögert sich der Start des Nacht-Taxi Versuches. Probleme gibt es bei den Verhandlungen mit den Taxiunternehmen. Die dortige Frauenbeauftragte hofft aber, daß mit einem rot-grünen Beschluß und bereitgestellten 40.000 Mark das Nacht-Taxi noch vor Ende des Jahres zu fahren beginnt. Es soll zwei Preiszonen geben (2,50 und 4 Mark), Berechtigte sind alle Frauen ab 14 Jahren, die Betriebszeiten entsprechen etwa denen in Bielefeld.

Babenhausen:

Im hessischen Babenhausen, einer Stadt mit ca. 15.000 Einwohnern, gab es zum 1. August dieses Jahres einen Frauen-Nachttaxi Versuch. Zur Verfügung standen 10.000 Mark, sie wurden in knapp 6 Wochen verfahren. Fahrpreis 1,60 DM, die Stadt bezuschußte Fahrten bis 20 Mark, für den Versuch wurden vier private Taxiunternehmen mit 8 Taxen verpflichtet. Die Babenhausener Verwaltung würde gern detaillierte Auskünfte erteilen, doch der Bürgermeister – „das sage ich Ihnen ganz offen, ich bin gegen solche Geldverschwendung" – behält sich die Pressearbeit vor; vorläufig nichts Näheres über die Auswertung.

Maintal:

Dann wäre da noch Maintal, auch im Hessischen. Dort rollt das Nacht-Taxi seit dem 1.8. und bis zum Jahresende. So ist es geplant und so weit werden die veranschlagten 25.000 Mark auch reichen, meint man in der Verwaltung. Maintal hat 40.000 Einwohner – das Nacht-Taxi verkehrt nur innerhalb der Stadtgrenzen, wodurch der Verkehr nach Frankfurt und Hanau ausgeschlossen bleibt. Die Benutzung ist entsprechend mäßig, steigt aber mit zunehmendem Bekanntheitsgrad. Bezahlt wird mit Fahrscheinen, 2,50 im Vorverkauf (blockweise) und 4 Mark im Taxi. In Maintal (rot-grüne Mehrheit) fährt das Nacht-Taxi von 21 bis 1 Uhr im Sommer und von 19 bis 1 Uhr im Winter.

Bielefeld:

Hier wurde das erste Mal – vielbeachtet in der Öffentlichkeit – ein Modellversuch durchgeführt. Dazu mehr in dem entsprechenden Beitrag in diesem Kapitel.

Susanne Maurer

Das Nachttaxi in den Mühlen der Verwaltung

Wie in Tübingen aus einer feministischen Forderung ein Nahverkehrssanierungskonzept gemacht wurde

Die Tübinger Frauentaxi-Initiative gründete sich Ende 1983. Ihr Ziel war es zunächst u.a., einen öffentlichen Diskussionsprozeß über das Thema Männergewalt zu provozieren. Inhaltlich legte die Initiative einen Schwerpunkt auf die bereits verinnerlichte Selbstbeschränkung der Frauen, die eingeschränkten Möglichkeiten ihrer Persönlichkeitsentwicklung durch die Allgegenwart von Frauenverachtung und Männergewalt gegen Frauen sowie auf die psychischen und sozialen Konsequenzen, die Gewalterlebnisse für Frauen haben können. Damit sollte klar werden, daß das Problem nicht nur auf den Fall einer ‚tatsächlichen' Vergewaltigung reduziert werden kann, sondern im größeren Zusammenhang patriarchalischer Macht- und Abhängigkeitsverhältnisse zu sehen ist.

Ca. 1 Jahr intensiver Öffentlichkeitsarbeit, zahlreiche Gespräche mit Frauengruppen und Parteien folgten. Die AL-Tübingen nahm die Taxi-Forderung in ihr Programm auf und unterstützte die Taxi-Initiative bei der Erarbeitung des Taxi-Konzeptes.

Der Antrag an die Stadt Tübingen, das Frauen-Taxi finanziell zu fördern, wurde im August 1984 gestellt, und nach mehrmonatiger öffentlicher und halböffentlicher Diskussion wagte der Tübinger Gemeinderat im März 1985 als erster den spektakulären Schritt und sorgte bundesweit für Schlagzeilen: Für einen Modellversuch mit dem Frauen-Nachttaxi wurden 25.000 DM bereitgestellt. (Gleichzeitig sollten Notrufsäulen in Parkhäusern aufgestellt werden, da sich Frauen dort besonders häufig bedroht fühlen. Dafür wurden erstaunlicherweise sogar 50.000 DM bewilligt. Eine mehr als merkwürdige Relation!)

Die Freude über den (vermeintlichen) Erfolg währte jedoch nicht lange. Ein Formulierungskünstler aus den Reihen der SPD hatte – durchaus absichtsvoll – die Bezeichnung „Frauen-/Sammeltaxi" eingeführt, die sich im weiteren Verlauf als verhängnisvoll erweisen sollte. Zunächst folgten monatelange Verhandlungen im Verkehrsausschuß, an den die nähere Beratung delegiert worden war, bei denen sich allmählich eine Einigung auf die von der Initiative aufgestellten Bedingungen abzeichneten:

– ein Taxi, ausschließlich für Frauen, zum Bustarif
– wenn möglich sollten die Fahrten koordiniert werden (Sammelfunktion)
– die Beförderung sollte von „Haus zu Haus" erfolgen.

In der letzten Verkehrsausschußsitzung vor der Sommerpause sollte die Verwaltung dann das endgültige Konzept schriftlich vorlegen. In einem Überrumpelungsakt gelang es ihr jedoch, die vereinbarten Bestimmungen samt und sonders zu unterlaufen, indem sie völlig andere Ausführungsbestimmungen zur Abstimmung stellte: Ein Sammeltaxi für die Nachtstunden wird eingerichtet, in dem Frauen **und** Männer mitgenommen werden, das 2,60 DM kostet (1 DM über dem Bustarif) und das feste Haltestellen zumindest in einer Richtung haben soll. Mit knapper Mehrheit wurde dieser Verwaltungsvorschlag verabschiedet.

Mit Hilfe dieses Verwaltungscoups kann nun das Geld, das ursprünglich für eine Frauenforderung zur Verfügung gestellt worden war, dazu verwendet werden, den öffentlichen Personennahverkehr zu sanieren. Der Schrägstrich machte es möglich.

Die Einschätzung der Nachttaxi-Initiative: „Das Tübinger Beispiel hätte andere Städte, bei denen die Forderung ebenfalls auf dem Tisch liegt, eventuell in Zugzwang bringen können.

Eine mit öffentlichen Geldern finanzierte „Institution Frauentaxi" hätte die Anerkennung der Tatsache bedeutet, daß Männergewalt gegen Frauen tatsächlich als allgemeines und strukturelles Problem aufgefaßt werden muß. Das ging den Herren dann wohl doch zu weit!" (Aufstieg und Fall des Frauentaxi-Projekts Tübingen, Dokumentation S. 6f)

Das beschlossene Sammeltaxi, liebevoll „Sam" genannt, hat mit der Forderung nach einem Frauentaxi nicht mehr das geringste zu tun, denn was eigentlich als Schutzeinrichtung für Frauen gegen Anmache und Männergewalt gedacht war, kann sich leicht als ein „Vergewaltigungsanbahnungsinstitut" erweisen.

Trotzdem – die Initiative rief ausdrücklich **nicht** zum Boykott des „Sam" auf, denn es macht wenig Sinn, Feminismus und alternativen Nahverkehr gegeneinander auszuspielen. Die Forderung nach einem Frauentaxi hat sich dadurch allerdings keinesfalls erübrigt.

Im August 85 wurde in einer symbolischen Aktion – nach einem Trauerzug durch die Stadt – das Frauentaxi vor dem Rathaus beerdigt. Wir dokumentieren die „Begräbnisrede".

Die Dokumentation „Aufstieg und Fall des Frauentaxi-Projekts Tübingen" kann bezogen werden über: Frauenzentrum, Haaggasse 34, 7400 Tübingen.

Begräbnisrede

gehalten am 31.8.85

Im Namen der allmächtigen Verwaltung, der unberechenbaren Beamtenschaft und des allseits verehrten Herrn Oberbürgermeisters, Amen. Euer Wille geschieht – hoffentlich nicht im Himmel, aber leider hier auf Erden.
Wir haben uns hier als Trauergemeinde versammelt, um dem Frauentaxi den Rest zu geben.

Sein Verweilen im Irdischen währte nur kurz. Und es ist nichts als Mühsal und Arbeit gewesen. Laßt uns der leidvollen Geschichte des Frauentaxis gedenken. Es ward geboren und siehe, der Erdkreis frohlockte, jauchzte und jubilierte. Und alle Welt sollte es schätzen lernen, daß hier, in dieser kleinen Stadt, erstmals Frauen zum Preis von 1,60 DM Taxi fahren können – und daß sie die Fahrtroute selbst bestimmen können. Und es sollte eine Schätzung ergehen, wie das funktioniert und wie teuer das wird, auf daß manch größere Stadt sich daran ein Beispiel und eine Berechnungsgrundlage nehmen könnte. So hätten Belästigungen beendet werden können, und Friede wäre eingekehrt.

Doch ach! Die Wege des Herrn sind wunderbar, und die Wege der Herren in dieser unserer Verwaltung sind wunderlich. Und während wir noch frohlockten, wurden wir von drei großen Plagen heimgesucht. Die erste Plage aber sind die Männer, die jetzt im Frauentaxi mitfahren dürfen. Die zweite Plage aber ist die eine D-Mark Aufschlag auf den vorherigen Fahrpreis. Die dritte Plage aber ist, daß das Männer-Frauen-Taxi zur Hälfte auf Buslinien fährt.

Und das Frauentaxi überlebte diese Heimsuchungen nicht, und es verschied, ehe es recht gelebt hatte. Nun fragen wir uns voller Verzweiflung: Wie konnte solches nur geschehen?

Die Antwort aber finden wir in der Schrift. Denn es steht geschrieben, das Geld sei für ein Frauen-Sammel-Taxi bewilligt worden. Und obgleich in der Schrift klar und eindeutig von Frauen die Rede ist, so verkehrten doch die falschen Schriftgelehrten, die Pharisäer und Zauderer, das Wort der Schrift in sein Gegenteil, und aus dem Taxi machten sie einen Bus, und aus den Sammlern machten sie Männer. Und nun fehlen mir die Worte, und uns bleibt nichts, als die sterblichen Überreste des Frauentaxis dem Ort anzuvertrauen, von dem auch Tod und Verderbnis über uns kamen: dem Rathaus. O Taxi – aus dem Ärgernis mit Männern bist du geboren, und wir geben dich als ein Ärgernis mit Männern zurück.

Uns aber bleibt nichts – als die Hoffnung auf die Auferstehung. Denn es hat sich ein großes Wehgeschrei erhoben, das gemischte Taxi sei unzulässig, habe doch der Rat der Gemeinde für ein Frauentaxi gestimmt. Und so wird das Geschick des Frauentaxis Ende September in öffentlicher Sitzung erneut beraten werden.

Wir aber hoffen und beten, die Stadträte und Stadträtinnen mögen zur Zeit der Apfelernte vom Baum der Erkenntnis essen, auf daß ihnen die Augen aufgetan werden und sie fortan vom Pfade der Wahrheit nimmermehr abweichen mögen. Denn wir sind langmütig und geduldig und harren des Tages, da du aus der Unterwelt wieder auferstehen mögest.

Doris Kuhlmann/Elke Steg

Bielefeld – Ein Modellversuch macht Schlagzeilen

Eine Chronologie der Bielefelder Nachttaxi-Ereignisse

Bielefeld ist die erste Stadt, in der das Frauennachttaxi nicht nur beschlossen, sondern auch als Modellversuch durchgeführt worden ist. Dieser Erfolg ist auf mehrere Ursachen zurückzuführen:

– Seit zwei Jahren gibt es eine aktive Nachttaxi-Initiative, in der GRÜNE Frauen, Vertreterinnen des Bielefelder Notrufs, Gewerkschafterinnen und Autonome mitarbeiten. Ihr Ziel ist es, die Nachttaxiidee in ihrem Zusammenhang mit Männergewalt gegen Frauen breiter in der Öffentlichkeit bekannt zu machen und zu verankern.
– Die Zusammenarbeit zwischen der Initiative und einer grünen Ratsfrau war und ist hervorragend. Das Taxi-Modell wurde gemeinsam entwickelt, ebenso die nötigen Argumentationszusammenhänge und die politischen Strategien. Über die Vorgänge im Rathaus war die Initiative in der Regel bestens informiert.
– Nicht zuletzt waren es die „günstigen politischen Konstellationen" (rot-grüne Mehrheit), die den Bielefelderinnen das Nachttaxi bescherte.

Doch der Reihe nach. Nach einem Jahr intensiver Öffentlichkeitsarbeit der Initiative wurde im Herbst folgender Antrag in den Rat eingebracht.

Antrag

Sehr geehrter Herr Oberbürgermeister,

für die Ratssitzung am 24.10.85 stellen wir folgenden Antrag auf Einführung eines Frauen-Nachttaxis:

○ *Die Stadt Bielefeld stellt die Finanzierung sicher, damit Mädchen und Frauen im Bielefelder Stadtgebiet nachts (d.h. von 19.30 bis 6.00 Uhr) ein Taxi zum ÖPNV-Tarif benutzen können.*

○ *Sie richtet zu diesem Zweck einen Sonderfonds ein, der im Haushalt '86 1.000.000 DM umfaßt.*
In den folgenden Jahren wird die Höhe des Sonderfonds je nach Bedarf neu festgesetzt.
Aus diesem Fonds wird die Differenz zwischen dem Eigenanteil (2,00 DM) und der tatsächlichen Höhe der Fahrtkosten ausgeglichen.

○ *Die Stadt führt Verhandlungen mit der BIETA (Bielefelder Taxi-Genossenschaft) hinsichtlich einer pauschalen Fahrtkostenregelung (ähnlich der Pauschalsätze bei Krankenfahrten).*

○ *Jede Frau/jedes Mädchen ist berechtigt, das Frauen-Nachttaxi zu benutzen. Die Bezahlung des Eigenanteils erfolgt direkt beim Fahrer/bei der Fahrerin, ohne daß Angaben zur Person oder zu Fahrtgründen gemacht werden müssen. Zu Abrechnungszwecken wird eine Fahrtbestätigung ausgefüllt, die ausschließlich Datum, Anzahl der gefahrenen Kilometer und Unterschrift von Fahrer/in und Fahrgästin umfaßt.*

Begründungsrede der GRÜNEN Ratsfrau Ulla Behrmann

Herr Oberbürgermeister, Herr Oberstadtdirektor, meine Herren,

ich spreche Sie direkt an, weil Sie in ihrer Mehrzahl über einen Antrag entscheiden, der vorsieht, 1 Mio. DM auszugeben — und zwar eine Million ausschließlich für Frauen! Sie sollten sich diese Entscheidung nicht allzu leicht machen, denn Sie sind — als Mann und Mitglied des Rates — in einer doppelten Verantwortung.

Es geht um Gewalt gegen Frauen. (Sagen Sie bitte nicht, Sie hätten damit nichts zu tun, weil Sie Ihre Frau nicht schlagen!) Gewalt gegen Frauen ist struktureller Art. Sie zieht sich durch alle Bereiche des gesellschaftlichen Lebens, und sie hat viele Gesichter. Sie tritt auf als Mißhandlung in der Familie, als Reduzierung auf die Rolle als Hausfrau und Mutter oder als Sexualobjekt oder als Ungleichbehandlung im Erwerbsleben. Sie ist offen brutal, oder sie versteckt sich z.B. in einer Sprache, in der Frauen nicht vorkommen. Sie ist immer demütigend. Und sie geht immer von den Männern aus.

Von allen Formen der Gewalt gegen Frauen ist die offene Gewalt auf der Straße rein zahlenmäßig die geringste. Aber Frauen bezahlen sie teuer. Wenn nicht mit ihrem Leben, dann mit einer ständig gegenwärtigen Angst, v.a. bei Dunkelheit. Jeder Mann, der ihr nachts auf sonst menschenleerer Straße begegnet, der mit ihr aus der letzten Straßenbahn steigt, ist eine Bedrohung, ein potentieller Vergewaltiger.

Kein Mann kann ermessen, was dieses Gefühl für Frauen bedeutet.

Was es zur Folge hat, ist durch traurige Zahlen belegt: 83% aller Frauen gehen im Dunkeln nicht allein durch unbelebte Straßen; 63,4% wagen es nicht, sich zu später Stunde an Haltestellen oder am Bahnhof aufzuhalten. Und — das Schlimmste — 1/4 aller Frauen wagt sich bei Dunkelheit überhaupt nicht mehr aus dem Haus! Frauen sind in einem unglaublichen, in einem unerhörten Maß in ihrer persönlichen Freiheit eingeschränkt! Für die Hälfte des Tages herrscht faktisch eine Ausgangssperre. Wer sie durchbricht, wird vielfach auch noch angeklagt: „Wenn eine Frau nachts um zwei allein unterwegs ist, hat sie doch selbst Schuld, wenn sie vergewaltigt wird!“

Ich möchte mit diesen Ausführungen kein Mitleid erwecken, schon gar nicht den Beschützerinstinkt in Ihnen wachrufen. Denn: Tatsache ist nicht, daß Frauen ängstlich und schwach sind (von Natur aus womöglich), sondern Tatsache ist, daß Männer Gewalt ausüben: In Blicken, in Gesten, in Sprache — und in Vergewaltigung und Mord!

Was wir verlangen, ist, daß Sie sich Gedanken machen, was Sie zur Lösung des Problems beitragen können. Denn das ist Ihre Aufgabe, als Privatperson und als Ratsmitglied! Wir schlagen Ihnen eine erste, einfache Lösung vor: ein Taxi für Frauen, nachts, zum Bustarif. Daß mit dem Nacht-Taxi die Männergewalt keineswegs aus der Welt geschafft ist, wissen wir. Aber es bietet die (heute schon realisierbare!) Möglichkeit, daß Frauen — genauso wie Männer — ihr Recht auf Teilnahme am öffentlichen Leben (auch abends und nachts) in Anspruch nehmen können. Und es soll sie ermutigen, dies auch zu tun!

Zum Antragstext im einzelnen:

1. Wir fordern mit der Bielefelder Nachttaxi-Initiative die Bereitstellung von 1 Mio. DM im städtischen Haushalt. Mit diesem Geld soll die Differenz zwischen den anfallenden Taxi-Fahrtkosten und einem von den Frauen zu bezahlenden Eigenanteil von DM 2,- ausgeglichen werden. Die Summe ist hoch, das ist uns sehr bewußt. Für die Sicherheit von Frauen, für das Leben auch nur einer einzelnen Frau erscheint sie uns nicht zu hoch (schon gar nicht im Vergleich zu den Kosten der von Männern und für Männer gebauten Pleiteparkhäuser)!

1 Million — das sind bei einem geschätzten städtischen Zuschuß von höchstens DM 8,- pro Fahrt: 125.000 Fahrten im Jahr. Umgerechnet auf die weibliche Bevölkerung Bielefelds bedeutet das, daß jede Frau wohl nur einmal im Jahr das Nachttaxi benutzen kann. Es ist allerdings nicht wahrscheinlich, daß jede Frau und jedes Mädchen in Bielefeld die-

sen Anspruch wahrnimmt – aus unterschiedlichen Gründen. Von daher glauben wir, daß die Summe ausreichend, möglicherweise sogar zu hoch angesetzt ist. Fatal wäre allerdings, wenn mitten im Jahr das Geld verbraucht ist, und das Frauennachttaxi – kaum eingeführt – schon wieder gestorben wäre.

Wir können und wollen übrigens nicht vorher errechnen, wie hoch die Kosten genau sein mögen. Denn wir haben (nicht erst) am Beispiel Berlins gesehen, zu welcher Verzögerungstaktik eine präzise Bedarfsrechnung vorab von der Verwaltung mißbraucht wird: Seit 1½ Jahren rechnet und ermittelt sie dort, ohne daß sie bisher zu einem Ergebnis gekommen wäre.

2. Wir meinen, daß das Frauen-Nachttaxi in der Zeit von 19.30 Uhr abends bis 6.00 Uhr morgens zur Verfügung stehen müßte. In dieser Zeit nimmt – abhängig vom Geschäftsschluß – die Gefährdung von Frauen rapide zu: Die Straßen werden einsamer, und weniger Personen fahren in den öffentlichen Verkehrsmitteln.

*3. **Jede** Frau ist von Männergewalt betroffen – das ist keine Frage von Alter oder Aussehen, und es ist auch keine Frage des Einkommens. **Jede** Frau hat deshalb Anspruch auf eine Maßnahme, die sie vor der Gewalt schützen soll. Wir machen von daher keinen Unterschied zwischen den Frauen, die gar nichts oder sehr wenig verdienen (und das ist die Mehrzahl!) und z.B. einer Frau Oetker; wobei diese Frau evtl. auch nur vom Einkommen ihres Mannes abhängig ist, d.h. von seiner Entscheidung, wieviel er ihr als ‚Taschengeld' gnädigerweise zur Verfügung stellt. Und die Höhe dieser Summe kennen wir nicht, und wir wollen auch keinen Nachweis darüber!*

Weiterhin wollen wir nicht wissen, ob die Frau, die das Nachttaxi benutzt, damit zum VHS-Kurs oder zur SPD-Veranstaltung fährt, oder ob sie sich damit aus der Kneipe abholen läßt. Egal, was sie unternimmt – es ist ihr gutes Recht! Wenn Männer ein Bier zuviel getrunken haben, können sie zu Fuß nach Hause gehen; wenn Frauen dasselbe tun, sind sie von Vergewaltigung bedroht!

4. Die Benutzung des Frauen-Nachttaxis muß so unkompliziert wie möglich sein. Zum einen, damit nicht durch unnötige Hürden eine Hemmschwelle entsteht, die das Experiment von vornherein zum Scheitern verurteilt. Zum anderen, weil das Nachttaxi u.a. auch eine Möglichkeit für Frauen sein muß, um der Gewalt zu Hause, in der Familie, wo sich die meisten Vergewaltigungen abspielen, entkommen zu können. Diese Frauen können nicht erst einen Antrag stellen oder sich einen Fahrschein kaufen. Deshalb sind wir abgekommen von der ursprünglichen Überlegung, extra Taxi-Coupons einzuführen, sondern die Bezahlung des Eigenanteils soll direkt beim Fahrer oder der Fahrerin erfolgen.

Noch ein letztes Wort – besonders an die Verwaltung als die letztlich ‚realeren' Politiker: Wir haben die Tübinger Bemühungen, das Frauen-Nachttaxi zu verhindern, mit Spannung verfolgt. Deshalb möchten wir Ihnen jetzt schon sagen: Es geht um Vergewaltigung und Anmache. Männer (auch alte und gebrechliche) sind davon nicht betroffen. Der Gleichheitsgrundsatz, der in letzter Zeit immer häufiger von Männern aus der Tasche gezogen wird, wenn sie ihre Interessen von Frauenseite her bedroht sehen, zieht hier nicht!

Die CDU war unfähig oder unwillig zu begreifen, daß Gewalt gegen Frauen ein strukturelles Problem ist und argumentierte auf der Schiene: Die Angst der Frauen (nicht etwa die Gewalt der Männer) sei durchaus ein Problem, aber schließlich müsse auch berücksichtigt werden, daß alle anderen Bevölkerungsgruppen, Alte, Kinder und Männer, ebenfalls Angst hätten.

Die SPD hielt das Nachttaxi zumindest für einen Ansatzpunkt, konnte sich aber nur einen Kostenrahmen von 200.000 DM (statt der geforderten 1.000.000 DM) für einen Modellversuch vorstellen und schlug darüberhinaus eine soziale Staffelung vor: Das Nachttaxi sollte auf Frauen beschränkt werden, deren Einkommen den BAFöG-Höchstsatz nicht übersteigt; für Ehefrauen ohne eigenes Einkommen sollten Einkommensgrenzen des Ehemanns festgesetzt werden.

Die Nachttaxi-Initiative hatte vorher eingehend diskutiert, daß Kompromisse möglich sind — nur an vier Punkten nicht:

— Taxi nur für Frauen
— Haus-zu-Haus-Verkehr (keine Sammelpunkte)
— Nutzungsrecht für **jede** Frau
— Flächendeckung

„Jede Frau ist von Männergewalt betroffen, und jede Frau hat deshalb Anspruch auf eine wie auch immer geartete Gegenmaßnahme.

Unter keinen Umständen wollten wir uns auf die von der SPD gewünschte Sozialklausel einlassen. Abgesehen davon, daß wir die unweigerlich damit verbundenen diskriminierenden Bittgänge zur Behörde ablehnen und abgesehen davon, daß die Anspruchsberechtigung der großen Gruppe der Frauen und Mädchen ohne eigenes Einkommen nicht über das Geld des Ehemannes oder Vaters bestimmt werden darf, wollten wir in dieser Frage nicht zwischen „armen" und „reichen" Frauen unterscheiden. Wir wollten deutlich machen, daß es sich hier um die Betroffenheit eines gesamten Geschlechtes (allein aus Gründen dieser Geschlechtszugehörigkeit) handelt. Durch das Hereinbringen der sozialen Frage verschiebt sich die Perspektive; es ist dann nur noch ein kleiner Schritt zu den „armen" Männern, die auch nachts Angst haben und mit dem Taxi fahren wollen".
(Ulla Behrmann, AKP 2/86, S. 24)

Zunächst gab es auch nach stundenlangen Diskussionen im Sozial- und Wohnungsausschuß, an den der Antrag überwiesen worden war, keine Einigung. Erst als — wider Erwarten — SPD und GRÜNE doch gemeinsam den Haushalt verabschiedeten (die Nachttaxi-Forderung war dabei ein „Knackpunkt"), konnten die Vorstellungen der Nachttaxi-Initiative weitgehend durchgesetzt werden. Folgender Kompromißantrag wurde beschlossen:

Im Haushalt '86 werden 200.000 DM für einen Modellversuch ‚Frauennachttaxi' bereitgestellt.

Mit diesem Geld wird die Differenz zwischen dem Eigenanteil von 2,50 DM und der tatsächlichen Höhe der Fahrtkosten ausgeglichen.

Das Frauennachttaxi kann in der Zeit von 20.00 — 5.00 Uhr benutzt werden. Die Stadt Bielefeld führt schnellstmöglich Verhandlungen mit der BIETA (Bielefelder Taxi-Genossenschaft) hinsichtlich einer pauschalen Fahrtkostenregelung (ähnlich der Pauschalsätze bei Krankenfahrten).

Sofort nach Eingang — spätestens jedoch zum 1. März — beginnt der Modellversuch durch Bekanntgabe in der Presse.

Jede Frau/jedes Mädchen ist berechtigt, das Frauennachttaxi zu benutzen. Die Bezahlung des Eigenanteils erfolgt direkt beim Fahrer/bei der Fahrerin, ohne daß Angaben zur Person oder zu Fahrtgründen gemacht werden müssen. Zu Abrechnungszwecken wird eine Fahrtbestätigung ausgefüllt, die Datum, Anzahl der gefahrenen Kilometer und Unterschrift von Fahrer/in und Fahrgästin umfaßt. Für spätere statistische Auswertungen sollen auch Uhrzeit und der Stadtteil (als Zielort) angegeben werden.

Gleichzeitig wurde die Frauengleichstellungsstelle inhaltlich mit Öffentlichkeitsarbeit, wissenschaftlicher Begleitung und Auswertung des Versuchs beauftragt.

Nach Klärung einer Reihe von Detailfragen mit der Verwaltung und Abschluß der Verhandlungen mit der Bielefelder Taxi-Genossenschaft (BIETA) (Vergl. dazu AKP 2/86, S. 26) war es soweit:

Unter den neugierigen Blicken der Medienwelt startete das Bielefelder Nachttaxi am 7.4.86.

StadtBlatt 16/86

Die erste Nachttaxi-Nacht:

„Da fahren ganz normale Frauen mit“

Bielefeld ist bundesweit die erste Stadt

Seit Montag 20 Uhr: Das Nachttaxi rollt

DIENSTAG, 15.4.86 taz

Für 2,50 DM durch die Bielefelder Nacht

Modellversuch Frauen-Nacht-Taxi gestartet / 200.000 DM stehen zur Verfügung / Was geschieht, wenn sie aufgebraucht sind?

Aus Bielefeld B. Mar

Und die ersten Reaktionen:

Nichts drückt die geballten Vorurteile und das Unverständnis, mit dem das Nachttaxi begleitet wird, pointierter aus als folgender Leserbrief eines CDU-Mitgliedes an die Bielefelder Lokalzeitung:

Wieso nur für Frauen?

Betr.: „Frauen-Nacht-Taxi startet (NW vom 4. April)

Das Zusatzgeschäft in Höhe von 200 000 DM (abzüglich 10 000 DM für Verwaltungskosten) sei den Taxifahrern gegönnt – sie können bessere Umsätze gebrauchen!

Die Kehrseite der Medaille sieht anders aus: 200 000 DM Steuergelder verplempert! Wo kommen wir eigentlich hin, wenn dieses Beispiel Schule macht und in weiten Bereichen die vom Arbeitnehmer mühsam verdienten Steuern bei knappen Kassen mit vollen Händen ausgeschüttet werden?

Die Grünen reiben sich die Hände: In Bielefeld ist gelungen, was nirgendwo sonst in Deutschland läuft. Ein Sieg der Bunten in unserer Stadt gegen die nach neuen Wählergruppen ausschauende SPD, die sich im Rat wieder einmal vor den Karren der Alternativen hat spannen lassen.

Wird das ab Montag 20 Uhr ein Rennen auf die Taxen geben! Ob ins Kino oder zum Freund – je weiter, desto besser! Wann schon kostet eine Fahrt nur 2,50 DM? Und wollte da eine aus der Senne nicht immer schon einen Besuch in Jöllenbeck machen? Mit dem Auto darf sie nichts trinken – Taxi war bisher zu teuer (2 x 35 DM). Jetzt aber endlich geht's: Für 5 DM hin und zurück mit dem Frauentaxi!

Ein weiterer Schritt in die kostenfreie Gesellschaft? Bei allem Verständnis für berechtigte Wünsche – das geht zu weit. Es gibt wichtigere Dinge im Sozialbereich unserer Stadt, für die unsere Steuermittel ausgegeben werden sollen (z.B. Hilfe für Pflegebedürftige und Sozial- und Diakoniestationen).

Der Beschluß ist gefaßt. Die Taxen rollen ab Montag zum (fast) Nulltarif für Frauen. Wieso eigentlich nur für Frauen?

Benutzt werden die Fahrzeuge von jenen, die die Initiative ins Leben gerufen haben. Hoffentlich kommen auch viele wirklich Bedürftige in den Genuß dieser (falschen) kommunalpolitischen Entscheidung.

M.H., MdL (Pressesprecher des CDU-Kreisverbandes)

Die Hetzjagd beginnt:

Frauennachttaxi: Der „Countdown" läuft

Ende schon zu Ultimo

Rund 72 000 Mark sind bereits verbraucht

Bielefeld (msd) Genau 71 818,20 Mark hat der Modellversuch „Frauennachttaxi", der seit etwa einer Woche läuft, bisher gekostet. Wie Sozialdezernent Dr. Otto-Werner Rappold gestern im Sozialausschuß mitteilte, muss der Modellversuch voraussichtlich in 14 Tagen, also zum Monatsende beendet werden. Die ... nahmen den Bericht ohne größere Diskussionen zur Kenntnis.

Bielefelder Tageblatt

Das Frauennachttaxi rollt bereits Mitte dieser Woche aus

150 000 Mark waren gestern verbraucht / Ende des Projekts bereits nach zweieinhalb Wochen / Echo zwiespältig

Schnelles Ende nach nur 17 Tagen Versuchsfahrt

Schubert: Interesse im Bundesgebiet enorm

„Bei der sinnlosen Verschwendung der Gelder mache ich nicht mit!"

Sennestädter Taxiunternehmen verweigert Frauen den Nachttarif

Bielefeld-Sennestadt (fr) Seit Montag zahlen alle Frauen und Mädchen für nächtliche Taxifahrten innerhalb der Stadt 2,50 Mark. 98 Prozent der 235 Bielefelder Taxen (die NW berichtete) be... satz wird die unrechtmäßige Nutzung geradezu eingeräumt. Aber für die, die das Geld wirklich brauchen, kommt es nicht ... die kurzatmige Vorbereitung.

Die Angestellte Ruth Herford sitzt in der Zentrale. Sie will das Frauen-Nachttaxi auf keinen Fall in Anspruch nehmen.

Und zum Schluß die Krönung:

Bielefelder Experiment mit Frauen-Taxi gescheitert

BIELEFELD, 22. April (dpa). Das Experiment mit den Nachttaxis für Frauen und Mädchen in Bielefeld ist schon nach weniger als drei Wochen gescheitert. Ein mit 200 000 Mark aus der Stadtkasse bezuschußtes Unternehmen, das die Frauen vor Belästigungen und Überfällen bei Dunkelheit bewahren sollte, mußte aufgegeben werden, weil das Geld dafür bereits ausgegeben ist.

Die von der Stadt Bielefeld am 7. April gestartete Aktion „Nachttaxi für Frauen" sah einen einheitlichen Billigtarif von 2,50 Mark vor. Wie die Bielefelder Taxi-Zentrale am Dienstag mitteilte, werden die dafür zur Verfügung stehenden öffentlichen Gelder bereits in dieser Woche verbraucht sein.

Die Aktion, die vom Bund der Steuerzahler als reine Verschwendung scharf kritisiert worden war, entsprach einem Beschluß der SPD-Fraktion und der Grün-Bunten Liste des Bielefelder Stadtrates und soll im Herbst auch in Köln erprobt werden.

Nach Angaben der Bielefelder Stadtverwaltung ließen sich während der vergangenen 16 Tage zwar mehrere 1000 Bielefelderinnen zwischen 20 Uhr und fünf Uhr billig und sicher nach Hause fahren, doch wurden dabei auch zahlreiche Mißbräuche registriert. So benutzten nicht wenige Damen das Taxi für Touren von Kneipe zu Kneipe und zu Heimfahrten, die vor Mitternacht auch noch mit Straßenbahnen und Bussen möglich gewesen wären.

Damit hatten alle, die es sowieso schon lange wußten, den „Beweis" schwarz auf weiß: Das Nachttaxi – eh eine Verschwendung von Steuergeldern – ist nicht zu finanzieren, weil es von den Frauen „mißbraucht" wird. (Hier scheint eine verhängnisvolle Verwechslung der Worte „Mißbrauch" und „Gebrauch" vorzuliegen!)

„Auch wenn die Presse den Modellversuch überwiegend als gescheitert bewertet:

Für uns war es ein voller Erfolg!

Denn woran mißt man das Gelingen bzw. Scheitern eines Versuchs? Doch wohl daran, ob das Ziel erreicht worden ist. Das Ziel war es, möglichst vielen Frauen eine größere und sichere Bewegungsfreiheit abends und nachts in der Öffentlichkeit zu ermöglichen. Und die Frauen haben dieses Angebot in Anspruch genommen.
Gegner und Gegnerinnen reden unterdessen von Mißbrauch. Wieso Mißbrauch? Hat man denn von uns erwartet, daß wir das billige Taxi nur dann in Anspruch nehmen, wenn wir unmittelbar von einem hinterherrennenden Finsterling bedroht werden oder wenn es unvermeidbar war, ins „feindliche Leben" zu treten? Wer so denkt, der hat den Hintergrund der Nachttaxiforderung nicht verstanden.
Denn es geht um die Bewegungsfreiheit von Frauen, um die Verwirklichung des Rechts, am öffentlichen Leben ohne die Angst und Sorge um den Hin- und Rückweg teilzunehmen. Und wer hat da das Recht zu

sagen, daß die eine Fahrt angemessen ist und die andere nicht? Es wird auch keinem Mann vorgeschrieben, daß er sich nachts nicht zu Kneipenbesuchen in der Stadt aufzuhalten hat.
Gegnern und Gegnerinnen des Nachttaxis, die diese Mißbrauchsdiskussion aufgebracht haben, können wir nur raten, sich stattdessen mehr mit den Ursachen und Gründen für ein Frauennachttaxi auseinanderzusetzen und die Ursachen dort zu suchen, wo sie sind: nämlich in der Gewalt von Männern gegen Frauen.
Wir halten es für eine bösartige Verdrehung der Tatsachen, dieses strukturelle Gewaltverhältnis völlig außen vor zu lassen und den Frauen vorzuwerfen, sie hätten das Nachttaxi mißbraucht. Hier werden Frauen wieder mal in zweifacher Hinsicht verurteilt, genau wie es in vielen Vergewaltigungsprozessen zu beobachten ist: erst sind sie Opfer der Gewalt und dann wird ihnen dafür auch noch die Schuld zugeschrieben."
(aus einem Flugblatt der Bielefelder Nachttaxi-Initiative)

Bemerkenswert allerdings ist, daß sich die öffentliche Mißbrauchsdiskussion immer nur auf „Miß"-brauch durch Frauen bezieht. Daß ein wahrscheinlich nicht unerheblicher Teil des verbrauchten Geldes auf das Konto „Mißbrauch" oder „Schummeleien" durch Taxifahrer geht, ist so gut wie nie erwähnt worden. Viele Frauen beschwerten sich über Unkorrektheiten seitens der Taxifahrer, z.B. wurden die Fragebögen für die Umfrage nicht immer ausgehändigt, Doppelabrechnungen vorgenommen, Männer zum Frauentaxitarif mitgenommen oder bewußt Umwege gefahren.

Der Modellversuch ist vorbei – jetzt wollen wir das Taxi als Dauereinrichtung!

Daß der Modellversuch keineswegs in die oft genannten Kategorien „Mißbrauch und Verschwendung" eingeordnet werden darf, wurde schließlich noch einmal durch die Ergebnisse der von der Gleichstellungsstelle durchgeführten Begleitforschung verdeutlicht, die im Okt. 86 vorgestellt wurden.

Insgesamt wurden 18.270 Frauen befördert. Von den knapp 1.000 per Fragebogen befragten Frauen gaben 73,4% an, daß sie sich bei Dunkelheit unsicher fühlen, wenn sie allein unterwegs sind, 29,9% fühlen sich manchmal unsicher und nur 2,7% verneinen diese Frage.

Ca. 50% der befragten Frauen haben konkrete Erfahrungen mit bedrohlichen Situationen, Belästigungen und tätlichen Angriffen gemacht. Nicht umsonst treffen 97,5% gewisse Vorkehrungen und entwickeln bestimmte Strategien, wenn sie abends und nachts alleine unterwegs sind; 15% gehen nicht alleine weg, 22% lassen sich abholen, 31% meiden bestimmte Straßen und Plätze.

Interessant ist auch, daß nicht nur – wie in bestimmten Kreisen befürchtet – die sogenannten Szene-Frauen mit dem Taxi fuhren. So ist der Anteil der über 60jährigen Frauen mit 14,2% ausgesprochen hoch. 11% der Frauen waren zwischen 46-60 Jahren, 10% zwischen 36-45, 24% zwischen 26-35, 32% zwischen 18-25 und 7% zwischen 14-17 Jahren.

Aber auch die Befürchtung, daß sich Frauen ständig auf „Rundkurs durch die Stadt quasi zum Nulltarif" befanden, konnte nicht bestätigt werden. Die Durchschnittslänge der Fahrten betrug 7,5 km. (Lange Fahrtstrecken über 20 km, was für eine Stadt in der Größenordnung von Bielefeld schon sehr lang ist, kamen so gut wie überhaupt nicht vor. Die meisten Fahrten, ca. 75%, berührten den Innenstadtbereich.)

Diese Ergebnisse bestätigten die Nachttaxi-Initiative in ihrer Einschätzung, daß das Ziel, Frauen abends und nachts einen größeren Bewegungsspielraum zu eröffnen ohne Angst und Sorge vor dem Heimweg, voll erreicht wurde.

Logische Konsequenz: Das Nachttaxi muß zur Dauereinrichtung werden.

Aufgrund dieser Ergebnisse hat sich die Initiative Gedanken gemacht, wie das Modell modifiziert werden kann, damit einerseits die Kosten gedämpft werden, andererseits aber trotzdem die 4 Grundbedingungen noch erfüllt werden: Taxi **nur** für Frauen, für **alle** Frauen, Haus-zu-Haus-Beförderung und flächendeckendes Angebot.

Ein wichtiger Ansatzpunkt ist dabei die Koordination von Fahrten, also Sammeltaxen, die den Haus-zu-Haus-Verkehr übernehmen. Dazu müssen die Fahrtwünsche allerdings telefonisch in der Taxi-Zentrale angemeldet werden, wo sie von einer Mitarbeiterin (von der Stadt angestellt) zu einer Route zusammengestellt werden. Vorteil: Mißbrauch durch Taxifahrer wird ausgeschlossen; Nachteil: Frauen müssen eine Wartezeit von höchstens einer halben Stunde in Kauf nehmen. In dringenden Fällen, wo eine Wartezeit unzumutbar ist, z.B. am Bahnhof oder an einer Haltestelle, soll jedoch eine sofortige Beförderung ohne vorherige Anmeldung möglich sein.

Der Eigenanteil, den die Frauen entrichten müssen, soll erhöht und nach Kilometern gestaffelt werden. 0-5 km: DM 3,-; 5-10 km DM 5,-; 10-15 km DM 7,-; 15-20 km DM 9,-. Frauen, die Inhaberin des Bielefeld-Passes sind (Sozialhilfe- und Arbeitslosenhilfeempfängerinnen, Geringverdienende), zahlen grundsätzlich nur DM 2,-.

Jede Frau zahlt ihren jeweiligen Kilometer-Anteil auch bei Sammelfahrten, so daß sich viele Fahrten selber tragen werden. Dies ist der Grund, weshalb die Initiative die zunächst gering erscheinende Summe von 500.000 DM (allerdings mit der Möglichkeit der Nachbewilligung) vorläufig für ausreichend hält.

Die Initiative ist sich darüber im klaren, daß dieses Modell schon einen erheblichen Kompromiß darstellt, bei dem weitere „Abstriche" nicht mehr tragbar sind, ohne daß das Nachttaxi vollkommen baden geht.

Interessant ist die Auseinandersetzung mit anderen Vorstellungen zur Organisation des Frauennachtaxis, z.B. ein „Sammeltaxi auf Vereins- oder

Selbsthilfebasis". Dazu sollen ca. 8 Frauen als Fahrerinnen für 3-4 Bullis eingestellt werden; 2 Frauen sollen in einem Büro die angemeldeten Fahrten koordinieren. Überlegung dabei ist, von dem Nachttaxi auf privatwirtschaftlicher Ebene wegzukommen und Arbeitsplätze für Frauen zu schaffen (dieses Modell wurde von Teilen der autonomen Frauen als auch von einigen SPD-Frauen ins Gespräch gebracht). So einleuchtend diese Gedankengänge zunächst erscheinen, so liegt ihnen doch eine gravierende Fehleinschätzung zugrunde. Denn 3 oder 4 Autos sind nicht in der Lage, eine Stadt in der Größenordnung von Bielefeld auch nur annähernd flächendeckend zu bedienen. Die Anmeldung der Fahrten müßte weit im Vorfeld erfolgen, damit überhaupt eine Chance besteht, berücksichtigt zu werden; mehr oder weniger spontane Fahrten sind nicht mehr möglich. Um den Bedarf noch einmal deutlich zu machen, ein paar Zahlen: Während des Modellversuchs sind um 20 Uhr zwischen 141 (min.) und 265 (max.) Frauen gefahren; der Bedarf um 22 Uhr lag zwischen 103 (min.) und 269 (max.) Fahrten. In Spitzenzeiten wohl hoffnungslos überfordert ist diese Form der Fahrtorganisation nicht als Frauennachttaxi geeignet.

Die Bielefelder Nachttaxi-Initiative lehnt dieses Modell aus o.g. Gründen ab, zumal es sich aus ihrer Sicht eher um eine geringfügige Erweiterung des ÖPNV-Angebotes als um ein Nachttaxi, das für alle Frauen verfügbar sein soll, handelt.

Die Grünen unterstützen die Vorstellungen der Initiative und haben das Nachttaxi bereits zu einem Knackpunkt bei den anstehenden Haushaltsverhandlungen gekürt. Es wird wahrscheinlich spannend werden; das Nachttaxi als Dauereinrichtung in greifbarer Nähe? Wir werden sehen.

Stadtstrukturen sind Herrschaftsstrukturen – Zur Ignorierung von Frauen in Stadtforschung und Stadtplanung

Maria Spitthöver

Frauen werden verplant

Zur Lebenslage von Frauen und ihrer Ignorierung in Stadtforschung und Stadtplanung

Stadtstrukturen sind Herrschaftsstrukturen, was miteinschließt, daß Frauen nicht nur sozial, sondern auch räumlich gesehen unterdrückt werden. Die gegenwärtige Stadtforschung beleuchtet jedoch allenfalls die Auswirkungen der kapitalistischen Gesellschafts- und Wirtschaftsordnung auf die Organisation der Stadt und die Lebensbedingungen der in ihr wohnenden und arbeitenden Menschen. Daß unsere Gesellschaft nicht nur kapitalistisch, sondern auch patriarchalisch geprägt ist, bleibt in der Regel aus der Betrachtung ausgespart. Das ist eigentlich erstaunlich, da doch andererseits offensichtlich ist, daß die Lebensbedingungen von Frauen und von Männern zum Teil erheblich voneinander abweichen.

Während die patriarchalische Seite der Unterdrückung von Frauen in der Regel ignoriert wird, werden gleichzeitig in Politik und Planung Entscheidungen gefällt, die Frauen ganz massiv betreffen. D.h. für Frauen wird mitentschieden und mitgeplant, ohne daß sie in nennenswertem Umfang an der entsprechenden Entscheidungsfindung beteiligt werden. Das gilt insbesondere auch für sämtliche Bereiche der Stadtplanung. Frauen werden verplant. Ihre Existenz in der Stadt und ihre spezifischen Probleme werden von der herrschenden Wissenschaft wie von planenden und verwaltenden Institutionen nicht wahrgenommen.

Diese Ignoranz ist umso erstaunlicher, da doch verschiedenste soziale Gruppenunterschiede ins Blickfeld rücken, seien es schicht- oder klassenspezifische Unterschiede in den Lebensbedingungen der Stadtbevölkerung, oder die benachteiligte Situation von Ausländern oder auch alten Menschen, oder die desolate Situation von Kindern, die mit einer defizitären städtischen Spielumwelt vorlieb nehmen müssen. Die aus der geschlechtsspezifischen Differenzierung resultierenden Probleme hingegen werden konsequent ignoriert.

Wir gehen davon aus, daß die eben skizzierten Zusammenhänge Einfluß nehmen auf die Chancen von Frauen zur Beanspruchung städtischen Lebensraumes. Im folgenden soll dies anhand der Analyse der Lebensbedingungen von Frauen in drei exemplarischen Bereichen deutlich gemacht werden:

- ○ Frauen und Verkehr
- ○ Frauen und öffentlich städtische Freiflächen
- ○ Frauen und Wohnungsmarkt.

Maria Spitthöver

Dem alltäglichen Geschehen seine Alltäglichkeit nehmen

Zur Beanspruchung öffentlich städtischer Freiflächen durch Frauen

Unter öffentlich städtischen Freiflächen werden Straßen, Wege, Plätze, Spiel- und Sportflächen sowie Parkanlagen, Grünzüge und ähnliches verstanden; also unbebaute städtische Flächen, die im Prinzip allen zugänglich sind. Für Frauen ist die Verfügbarkeit dieser Flächen jedoch eingeschränkt: Frauen treten hier weniger selbstverständlich – und zum Teil auch weniger zahlreich – in Erscheinung, verhalten sich defensiver, beanspruchen weniger Raum, auch wenn das auf den ersten Blick nicht so scheinen mag.

Im folgenden geht es darum, dem alltäglichen Geschehen auf Straßen, Wegen, Plätzen, in Grünanlagen, auf Sportplätzen seine Alltäglichkeit zu nehmen, unsere Umwelt mit anderen Augen zu sehen, durch eine „andere Brille" wahrzunehmen, den Blick zu schärfen für Diskriminierung und Unterdrükkung, die nicht nur an so offensichtlichen und bekannten Tatbeständen wie schlechteren Bildungschancen, Lohndiskriminierung usw. abzulesen sind, sondern zum Teil subtil und weniger offensichtlich in vielen Lebensbereichen existieren. Es geht also darum, den eingeschränkten Bewegungsraum von Frauen in der Stadt deutlich zu machen, aufzuzeigen, daß dessen Ursachen in der ökonomischen wie sexuellen Unterdrückung von Frauen bzw. darauf aufbauenden internalisierten Verhaltensnormen zu suchen sind.

Daß der im Prinzip allen zugängliche öffentlich städtische Freiraum in erster Linie eine Domäne des männlichen Bevölkerungsanteils ist, ist gleichzeitig ein Indiz für das Machtverhältnis der Geschlechter. Wenn Frauen sich in öffentlich städtischen Freiflächen aufhalten, sind sie in stärkerem Maße genötigt, ihren Aufenthalt zu legitimieren (z.B. auf der Straße, indem sie Besorgungen erledigen, in Grünanlagen und auf Spielplätzen, indem sie Kinder betreuen usw.). Oder aber sie müssen mit einer „Rüge" (z.B. Belästigung) rechnen. Die Domäne der Frau ist nach wie vor eher die private Sphäre, das „Zuhause", wo sie in der Regel allerdings auch häufig keinen Raum ihr eigen nennen kann.

Das Beispiel Straße

Die Straßen stellen rein quantitativ gesehen den größten Anteil öffentlich städtischen Freiraums. Im Vergleich zu den immensen Aufwendungen für den motorisierten Verkehr war die Berücksichtigung nichtmotorisierter Verkehrsarten in der Vergangenheit ausgesprochen kümmerlich. Das Spiegelbild dieser autofixierten Sicht- und Vorgehensweise findet sich in der Aufteilung des Straßenraumes. Die Fahrbahn in ihrer vollen Breite ist für den motorisierten Verkehr reserviert. Fußgänger sind demgegenüber auf vergleichsweise schmale straßenbegleitende Restflächen verwiesen, die Bürgersteige. Schon der Augenschein zeigt, daß in den Autos überwiegend Männer sitzen und auf den Gehwegen Frauen dominieren. (vgl. dazu den Beitrag von Petra Rau in diesem Kapitel)

In der Vergangenheit wurde die autofahrende Minderheit durch großzügig bemessenen Straßenbau permanent privilegiert. Immer breitere und schnellere Straßen zur Beschleunigung der autofahrenden männlichen Minderheit wurden gebaut. Die Kehrseite dieses Vorgehens war die zunehmende Verunsicherung des öffentlichen Freiraums Straße durch erhöhte Unfallträchtigkeit. An dieser zunehmenden Gefährdung des Straßenraumes sind Frauen weniger beteiligt, eben weil sie die weniger unfallträchtigen, defensiveren Fortbewegungsmittel wie Straßenbahn, Bus und Füsse benutzen. (vgl. Schwerdtfeger/Küffner 1981: 40ff.) Angesichts dieser Sachlage kann auch die Schlußfolgerung gezogen werden, daß die ‚Chance', beim Aufenthalt im Straßenraum von einem männlichen Verkehrsteilnehmer verletzt und getötet zu werden, wesentlich größer ist als umgekehrt.

Eigentlich müßten Frauen, da sie doch häufiger und länger zu Fuß unterwegs sind als Männer, auch zahlreicher unter den Fußgängeropfern zu beklagen sein. – Das ist aber nicht der Fall. Männliche Fußgänger verunglücken sogar 1,4 mal häufiger. (vgl. Schwerdtfeger/Küffner 1981, S.41) Dieses erstaunliche Ergebnis dürfte u.a. auch mit dem defensiveren Verhalten von Frauen im Straßenverkehr zu erklären sein. Es fällt nämlich auf, daß Frauen, insbesondere ältere Frauen, häufiger die Neigung zeigen, die Fahrbahn im Eiltempo zu überqueren, offenbar um möglichst schnell aus dem Gefahrenbereich herauszukommen. Männer hingegen, obwohl (im Vergleich zu den Autofahrern) in einer ähnlich schwachen Position, zeigen in der Tendenz ein anderes Verhalten: offensiver, gelassener, besitzergreifender. Statt die Straße z.B. ebenfalls im ‚Sauseschritt' zu überqueren, neigen sie stärker dazu, Autofahrer durch demonstrative Dokumentation ihrer Rechte auch als Fußgänger zum Langsamerfahren, Anhalten o.ä. zu bewegen. Während männliche Verkehrsteilnehmer auch als Fußgänger ihre Dominanz im Straßenraum unter Beweis stellen, so muß andererseits gesehen werden, daß sie zahlenmäßig unter den Fußgängern deutlich seltener vertreten sind, Fußgängerinnen den Bedrohungen durch den motorisierten Verkehr also insofern stärker ausgesetzt sind. Auch anderen Behinderungen im Straßenraum unterliegen vorzugsweise Frauen.

Daß der „Lebensraum" Straße nicht auf ihre Belange zugeschnitten ist, läßt sich bis hin zu räumlichen Details ablesen. Während z.B. der Bordstein vor jeder Garage oder sonstigen Einfahrten abgesenkt ist, damit Autos sanft auf die Straße rollen können, ist dies an Bordsteinbegrenzungen bei Seitenstraßen nicht der Fall. Frauen mit Kleinkindern sind ständig genötigt, beim Überqueren einer Straße den Kinderwagen hoch und wieder runter zu wuchten, tagein, tagaus. Und alle finden das selbstverständlich.

Wenn insbesondere in der Vergangenheit im Automobil ein Symbol für Freiheit, Wohlstand und Fortschritt gesehen und dem über einen verkehrsgerechten Umbau der Umwelt Tribut gezollt wurde, so muß gleichzeitig deutlich werden, daß Frauen von derlei Verheißungen weniger profitieren und sie zudem die 'häßliche Kehrseite der Medaille' in stärkerem Maße aufgebürdet bekommen haben. Ganz besonders gilt das für kinderbetreuende Frauen. Die desolaten Spielmöglichkeiten für Kinder insbesondere in Großstädten sind geradezu sprichwörtlich. Forciert wurde diese Entwicklung dadurch, daß der Straßenraum als Aufenthaltsort für das Kinderspiel, u.a. als direkte Folge der Automobilisierung, zunehmend gefährlicher und unattraktiver geworden ist. Während der individuellen Motorisierung der Vorzug vor einem leistungsfähigen Netz öffentlichen Personen(nah)verkehrs gegeben wurde, opferte mann dem „Götzen Automobil“ damit gleichzeitig die Interessen der Kinder im wahrsten Sinne des Wortes. Kinderfeindlichkeit ist aber auch immer Frauenfeindlichkeit (vgl. Terlinden 1980). Kompensiert wird die Gefahr, die vom Fetisch Auto ausgeht – dem insbesondere der männliche Teil der Bevölkerung huldigt – nämlich durch die Mehrarbeit von Frauen: Durch die vom Straßenverkehr ausgehenden Bedrohungen wird die Betreuung der Kinder sehr viel aufwendiger, sowohl zeit- wie auch kraftaufwendiger. Den Frauen wird eine nicht zu unterschätzende Zusatzarbeit aufgebürdet, hervorgerufen durch die Notwendigkeit zur Betreuung und Beobachtung der Kinder ‚rund um die Uhr‘, ihre Begleitung – insbesondere in den ersten Lebensjahren – auf ‚Schritt und Tritt‘. Ein psychischer Streß, sowohl für die Kinder wie für ihre Beschützer/innen.

Die ungleiche Verfügung über den städtischen Straßenraum resultiert nicht nur aus dem ungleichen Zugang zu motorisierten Fortbewegungsmitteln. Daneben existieren andere Einschränkungen, denen Frauen insbesondere als Fußgängerinnen ausgesetzt sind. Jede Frau weiß aus eigener Erfahrung, daß es nicht ohne weiteres möglich ist, sich auf eine Bank zu setzen, das Geschehen auf der Straße zu beobachten, zu lesen oder auch einfach nur zu dösen. Mit Unterbrechungen muß gerechnet werden. Diese Behinderungen in Form von Anmache oder auch einfach in Erwartung derselben verletzen die Autonomie von Frauen, degradieren sie zum Objekt und erschweren ihre Bewegungsfreiheit im öffentlichen Straßenraum drastisch. Dabei dient das Ansprechen von Frauen in der Regel weniger der tatsächlichen Kontaktaufnahme, sondern vielmehr – wie BENARD/SCHLAFFER (1980: 64) es ausdrücken, „der ritualisierten Behauptung von Macht und Dominanz“ und wird in gegenteiliger Richtung nicht geduldet.

Offenbar ist Männern und Frauen ihre – unausgesprochen – unterschiedliche Daseinsberechtigung im öffentlichen Straßenraum bewußt. Zumindest lassen die jeweiligen Verhaltensweisen, d.h. Körperhaltungen und die Art, sich zu bewegen, darauf schließen. Der Anblick von forsch durch die Straßen schreitenden Männern, die im Gehen raumgreifend mit Armen und Beinen weit ausholen, ist geläufig. Auch der Anblick von Männern, die schlendernd mit ihren Blicken den Straßenraum ‚im Griff‘ haben, stehenbleiben und ihre Blick schweifen lassen oder an den Laternenpfahl, die Telefonzelle, die Mauer gelehnt das städtische Treiben beobachten, ist nicht weiter bemerkenswert.

Anders das Verhalten – insbesondere jüngerer – Frauen. Es fällt auf, daß sie häufig zügig, wenn nicht gar hastig, durch die Straßen eilen, meistens mit einem konkreten Ziel vor Augen (Besorgungen, Besuche o.ä. erledigen), den Blick entweder geradeaus oder auf den Boden gerichtet, sich an Kinderwagen, Regenschirmen, Hand- und Einkaufstaschen festhaltend, mitunter mit hochgezogenen Schultern, manchmal auch mit vor der Brust verschränkten Armen.

Die Verfügungsgewalt von Frauen über den Straßenraum ist insbesondere des Nachts eingeschränkt. In wenig beleuchteten, unbelebten Gegenden sieht man/frau Nachts kaum eine Frau allein und wenn doch, dann eiligen, fast flüchtenden Schrittes. Die Angst vor Männergewalt führt häufig zur Einschränkung der eigenen Bewegungsfreiheit. Diese Angst wird meist jedoch mit der Angst der Frauen vor der Dunkelheit interpretiert. Das wiederum ist symptomatisch, denn was die patriarchale Unterdrückung von Frauen und in dem Zusammenhang auch die sexuelle Unterdrückung mit all ihren Folgen anbelangt, sind männliche Forscher in der Regel auf beiden Augen blind.

Zusammenfassend bleibt festzuhalten, daß der Verkehrssektor eine ausschließliche Domäne männlichen Schaffens und Wirkens ist. Insofern ist es in Verkehrspolitik, -gesetzgebung, -planung und -verwaltung fast unmöglich, Interessen vor dem Hintergrund weiblicher Lebenslagen Gehör zu verschaffen.

Daß Frauen in den entsprechenden Institutionen schlicht nicht vertreten sind, gilt auch für die kommunale Ebene. Wenn z.B. ganz unbekümmert Unterführungen und Tiefgaragen gebaut werden, dann ist damit die gegenüber dem weiblichen Teil der Stadtbevölkerung zum Ausdruck kommende Ignoranz kaum noch zu überbietren. Doch das wird üblicherweise nicht so gesehen. Zum einen wohl deshalb, weil die Lebensbedingungen des weiblichen Bevölkerungsteils gar nicht wahrgenommen werden und zum anderen wohl auch deshalb, weil die Angst vieler Frauen in der Dunkelheit eher als etwas ‚Quasinatürliches', Selbstverständliches gesehen wird bzw. latente Vergewaltigungsdrohungen nicht als systematischer Bestandteil patriarchaler Herrschaftssicherung eingeordnet werden.

Das Beispiel Grünflächen

In seinen Berechnungen zum städtischen Freiflächenbedarf veranschlagte Martin Wagner 1915 für Frauen die Hälfte der Fläche, die er den Männern zubilligte. Betrachtet frau jedoch neuere Untersuchungen zum Grünflächenbesuch, so scheint die Geschlechtszugehörigkeit auf den ersten Blick kein bestimmendes Merkmal für die Inanspruchnahme städtischer Parkanlagen zu sein. Mal sind Frauen überrepräsentiert, mal unterrepräsentiert, mal anteilig vertreten.

Vergleicht frau die Studien zum Freiflächenbesuch jedoch eingehender, und zwar vor dem Hintergrund der These, daß die Verfügbarkeit öffentlich städtischen Freiraums für Frauen eingeschränkt ist, dann fällt bald folgendes auf: Frauen sind durchgängig unterrepräsentiert in großen Freiflächen, die auch die Funktion eines Naherholungsgebietes übernehmen können, nicht unmittelbar im Wohngebiet liegen, unübersichtlich und im Vergleich zu wohnungsnahen Flächen schwerer zu erreichen sind (vgl. z.B. Kellermann 1973, Öjendorfer Park; Osburg 1973, Nienhausen Busch; Hansestadt Hamburg (Hg.) 1974, Der Stadtpark; Großmann 1958, Volkspark Hasenheide). Auf welche Faktoren diese Verhaltensunterschiede zurückzuführen sind, wird nicht thematisiert. Hierüber können also nur Vermutungen angestellt werden. Denkbar ist z.B.

- daß hier die eingeschränkte Mobilität von Frauen, die einen eingeschränkten Aktionsradius miteinschließt, zum Ausdruck kommt,
- daß Frauen die genannten großräumigen, unübersichtlichen Flächen aus Angst vor Überfällen und latenten Vergewaltigungsdrohungen in geringem Maße aufsuchen,
- daß die Art der Arbeit Frauen in stärkerem Maße daran hindert, weiter entfernte Grünflächen aufzusuchen (die Hausarbeit mit ihren ständigen Unterbrechungen... und fehlenden längeren verhaltensbeliebigen Zeiträumen oder die Länge der Arbeit aufgrund der Doppelbelastung vieler Frauen).

Welche Faktoren auch immer ausschlaggebend sein mögen, Fakt ist, daß die zwischen Wohnung und Grünfläche zurückgelegte Distanz bei Frauen geringer ist. D.h. Frauen bewegen sich weniger weit von zu Hause weg (Osburg 1973); was m.E. auch ein Indiz für ihre eingeschränkte Raumbeanspruchung ist.

Dieser großräumigen Segregation entspricht eine kleinräumige. Verschiedene Beobachtungen weisen nämlich darauf hin, daß Frauen in Grünflächen bestimmte Bereiche bevorzugen, andere meiden. Bevorzugt halten Frauen sich in sicheren, übersichtlichen Bereichen wie baumbestandenen Rasenflächen auf. Gemieden werden dagegen Wald- und Gebüschpartien, dunkle, schwer einsehbare Bereiche, unübersichtliche Wege und dergleichen (vgl. Schöppner 1984: 151; Garbrecht/Matthes 1978: 371; Wiedermann 1985: 28). Auch hier zeigt sich also wieder, daß Frauen ihre Aufenthaltsbereiche aus Sicherheitsgründen beschränken.

Eine gewisse kleinräumige Segregation entsteht auch dadurch, daß Frauen sich in stärkerem Maße an Kinderspielplätzen aufhalten, auch Frauen, die selber keine Kinder haben. Erklärt wird dieses Verhalten mit einem größeren personenbezogenen Interesse bei Frauen (Jirku/Schwarting 1985). Gleichzeitig muß aber auch gesehen werden, daß mit diesem Verhalten, das deutlich ziel-und zweckorientiert ist, auch eine gewisse Legitimation für den Aufenthalt im Park gegeben ist.

Beobachtet frau die Benutzung der Rasenflächen, so fällt auch hier ein eher flächenbeanspruchendes und raumgreifendes Verhalten der männlichen Parkbesucher auf. Deutlich wird das z.B. am Fußball oder Fresbeespiel. Wenn Frauen die Rasenflächen benutzen, geschieht das meist sehr punktuell, wie z.B. zum Sonnen, Picknicken oder Federballspielen. Ihr Aufenthaltsraum scheint begrenzter, festgelegter.

Auch zeitlich gesehen ist der Aufenthaltsraum von Frauen in Grünflächen eingeschränkter. Denn gegen Abend besteht ein Übergewicht der männlichen Parkbesucher (Osburg 1973: 63/64; vgl. auch Wiedermann 1985). Da das ungleiche Tag-Abend-Verhalten auch etwas mit der sexuellen Unterdrückung von Frauen zu tun haben dürfte, steht wohl außer Frage. Eine solche Interpretaion sucht frau in vorliegenden Untersuchungen jedoch, von Wiedermann (1985) einmal abgesehen, vergeblich.

Der Ausschluß der Lebenswirklichkeit von Frauen bei der Betrachtung der Grünflächennutzung wird auch an folgendem Beispiel deutlich: So ist es z.B. verbreitet, die Funktion städtischen Grüns unter dem Blickwinkel von Entspannung, Freizeit und Erholung zu sehen. Insbesondere Gleichmann (1963) sieht die Bedeutung städtischen Grüns in der Reproduktion der Arbeitskraft, im Ausgleich von Berufstätigkeit und sozialer Überforderung. Wenn den Ansprüchen der Berufstätigen durchgängig auch in anderen Studien erstaunlich viel Aufmerksamkeit gewidmet wird und die Grünflächen in dem Zusammenhang unter dem Gesichtspunkt der Muße gesehen werden, so ist das aus der Sicht eines männlichen Berufstätigen nur konsequent. Wenn unter diesem Blickwinkel automatisch auch der Grünflächenbesuch aller Frauen erfaßt wird, dann ist das weniger einsichtig.

Außerhalb der Wohnung sind räumliche Alternativen für die Kinderbetreuung begrenzt; städtische Freiflächen sind eine der wenigen Ausweichmöglichkeiten. Und in der Tat sieht frau hier vergleichsweise häufig Frauen mit Kleinkindern oder Kinderwagen. Der Aufenthalt dieser Frauen ist also in erster Linie auf die ihnen zugewiesene Arbeit zurückzuführen. Pointiert formuliert, übernimmt die Grünfläche hier die Funktion des Arbeitsplatzes. Inwieweit es in bezug auf diese Frauen angebracht ist, von Muße und Entspannung zu reden, sei dahingestellt. Zumindest dürften die Grenzen zwischen Streß und Belastung einerseits und Ruhe und Erholung andererseits fliessend sein. In der Regel werden derlei Zusammenhänge jedoch nicht gesehen, was m.E. auch auf die gesellschaftliche Geringschätztung der Arbeit von (Haus-)Frauen zurückzuführen ist.

Das Beispiel Sportfreiflächen

Städtische Sportfreiflächen zählen nur bedingt zu den freier zugänglichen, öffentlich städtischen Freiräumen, da ihre Benutzung (wie Sportplätze z.B.) in der Regel an eine Vereinszugehörigkeit gebunden ist. Dennoch sollen sie hier in die Betrachtung einbezogen werden. – Daß sie für ein überwiegend männliches Publikum bestimmt zu sein scheinen, erhärtet der tägliche Blick in die Zeitung. Auf den Bildern der Sportseiten springen einem – im wahrsten Sinne des Wortes – überwiegend männliche Sportler in die Augen. Frauen sind hier deutlich unterrepräsentiert. Die bevorzugte Berücksichtigung männlicher Stadtbewohner wird vor allem an der Versorgung mit Fußballplätzen deutlich, die mit zum Teil erheblichen finanziellen Aufwand – bei größeren Stadien z.B. – unterhalten werden. Mir ist nicht bekannt, daß aus öffentlichen Steuergeldern ein vergleichbar hoher Betrag für Aufenthalts- und Erholungsräume von Frauen ausgegeben wird. Schon männliche Jugendliche werden über die Bereitstellung von Bolzplätzen bevorzugt berücksichtigt, ein vergleichbares Angebot für weibliche Jugendliche gibt es nicht.

In dem Zusammenhang ist auch zu berücksichtigen, daß der körperlichen „Ertüchtigung" eine wichtige Funktion bei der Entwicklung von Selbstverständnis und Selbstbewußtsein zukommt. Es ist naheliegend, daß die Tradition „raumgreifenden" Fußballspiels, bei dem nicht nur eine große Fläche beansprucht wird, sondern der ganze Körper zum Einsatz kommt, andere Spuren hinterläßt – auch psychische – als jahrelanges „Seilchenspringen auf der Stelle".

Betrachtet frau den Frauensport heute, so ist unübersehbar, daß ein gewaltiger Wandel stattgefunden hat. Frauen sind in immer mehr Sportdisziplinen eingedrungen und nehmen zunehmend am Leistungssport teil. Dennoch besteht auch heute noch eine starke geschlechtsspezifische Ausrichtung im Sporttreiben und damit auch in der Nutzung von Sportfreiflächen. Unterteilt man die im DSB organisiereten Sportdisziplinen danach, inwieweit sie eher drinnen bzw. draußen ausgeübt werden, so zeigt sich folgendes Bild:

Tab. 1
Sport-Aufenthaltsort ‚drinnen' bzw. ‚draußen' 1985 nach Geschlecht (in %)

	Sportart			
	Drinnen	Drinnen u. Draußen	Draußen	
Männer	49	62	(69)*	83
Frauen	51	38	(31)*	17
Gesamt	100	100	100	100
*ohne Fußball				

Berechnet nach der Anzahl der Mitglieder in den verschiedenen Spitzenverbänden des Deutschen Sport-Bundes (DSB)

Angesichts der Tradition ist es sicherlich kein Zufall, daß die Dominanz des Frauensports nach wie vor ‚drinnen', im ‚Schutz der Mauern', daß heißt im Innern gebauter Sporträumlichkeiten zu verzeichnen ist. Diese Dominanz ist vor allem darauf zurückzuführen, daß Frauen hier in der mitgliederstärksten Sportart, dem Turnerbund, von den ca. 3½ Mio. Mitgliedern insgesamt rund ⅔ stellen. Damit liegt das Schwergewicht des Frauensports auch heute noch im turnerisch/gymnastischen Bereich. Bei Frauen geht es nach wie vor weniger um die Herausbildung von Muskelkraft, sondern eher um die Herausbildung von Fitneß, Anmut, fließenden Bewegungen usw.

In Empfehlungen und Werbungen zum Sportgeschehen werden die ungleichen Anforderungen an die Geschlechter – z.B. bei der Werbung für Hanteln und andere Fitneßgeräte – unter der Hand en passent mitgeliefert: Fitneß und Schönheit für die Frau, Kraft und Muskeln für den Mann. Die Unterbindung der Kraftentwicklung bei Frauen hat Geschichte; sie ist Folge patriarchaler Macht, die „den Körpern der Frauen ihre physische Stärke (...) mit aller Gewalt ausgetrieben und ihnen statt dessen die Schwäche als 'Schönheit' eingebleut" hat. Das Pendant zum Abscheu vor muskulösen Frauen ist „die Vorstellung von ihrer schwachgliedrigen, zerbrechlichen Schönheit" (Rentmeister 1981: 381). Auch wenn sich das Schönheitsideal mit der veränderten Rolle der Frau in der Gesellschaft gewandelt hat und Frauenkörper nicht mehr – wie im Bürgertum des 19. Jh. – ohnmächtig, schwach und hilfsbedürftig zu sein haben, so ist der kräftige, muskulöse und durchtrainierte Körper der Frau jedoch nach wie vor nicht gefragt.

Der wenig trainierten Körperkraft von Frauen entspricht die nachrangige Beanspruchung der Sportplätze durch weibliche Sporttreibende noch heute.

Tab. 2
Sportplatzaktivitäten

	Sportverbandsmitglieder insgesamt	davon Frauen in %
Fußball	4 683 857	9
Leichtathletik	787 895	45
Hockey	46 661	30
Rasenkraftsport	6 271	14
Rugby	6 131	4

Berechnet nach Angaben in: Deutscher Sportbund (DSB) 1985

Gemessen an der Sportverbandsmitgliedschaft sind Frauen auf den Flächen für die Leichtathletik vergleichsweise stark vertreten. Dabei ist allerdings zu berücksichtigen, daß es sich bei den genannten Flächen um einen vergleichweise kleinen, randständigen Sportplatzausschnitt handelt. Insofern haben Frauen bei der ‚Eroberung' der Sportplätze vor allem an den ‚Randbereichen' angesetzt. Auf den zentralen Flächen für das Fußballspiel sind Frauen jedoch immer noch stark unterrepräsentiert, sodaß der Fußballplatz nach wie vor als männliche Freizeitdomäne – auch was die Zuschauer anbelangt – angesehen werden muß. Die Dominanz des Fußballspiels auf den Sportplätzen wird auch daran deutlich, daß die Begriffe Sportplatz und Fußballplatz häufig synonym gebraucht werden.

In den Städten ist das Freiflächendefizit in den Stadtzentren und den angrenzenden Wohngebieten besonders gravierend. Erklärt und entschuldigt wird das Freiflächendefizit in Zentrumsnähe der Großstädte in der Regel mit den hohen Bodenpreisen und der desolaten Haushaltssituation der Kommunen, zweifelsfrei zutreffende Tatbestände. Vor diesem Hintergrund ist es zumindest bemerkenswert, daß sich häufig in den zentrumsnah gelegenen Stadtgebieten mit Grünflächendefiziten gleich mehrere Sportplätze finden, allen Bodenpreisen und der desolaten finanziellen kommunalen Haushaltslage zum Trotz. Oft befinden sie sich in städtischem Besitz. Hieraus kann eigentlich nur der Schluß gezogen werden, daß selbst dort, wo für keine andere Bevölkerungsgruppe öffentlich städtischer Aufenthaltsraum (für alte Menschen, kinderbetreuende (Haus-)Frauen; Kinderspielplätze etc., großes Defizit!) freigehalten bzw. vorgesehen wurde, immerhin Raum und Geld für die Freizeitinteressen des männlichen Teils der Bevölkerung vorhanden ist.

Wenngleich dieser Zustand geschichtlich ‚gewachsen' ist, ist es doch symptomatisch, daß andere Freiflächen in dieser Zeit überbaut und einer anderen Nutzung zugeführt wurden, die besagten Sportfreiflächen aber erhalten werden konnten. Sicherlich ist diese einseitige Interessenvertretung für diejenige Bevölkerungsgruppe, die qua Geschlecht auch in Rat und Verwaltung der Stadt das Sagen hat, kein bewußter Akt bzw. keine bewußte Entscheidung **gegen** die Interessen anderer Bevölkerungsgruppen. Die — ‚wie der Zufall so spielt' — privilegierende Versorgung einer ganz bestimmten Bevölkerungsgruppe ist eher Ausdruck des politischen Macht- und Willensbildungsprozesses. Begünstigend für die vergleichsweise gute quantitative Sportfreiflächenversorgung ist dabei sicherlich auch die Koalition zwischen (männlichen) Sportfunktionären und (männlichen) Politikern. Während also die Interessen der eigenen Geschlechtsgenossen durchaus wahrgenommen und auch allen polit-ökonomischen Widerständen zum Trotz durchgesetzt werden, ist der Einsatz für die anderen Gruppen ohne Lobby (Kinder, Alte und auch Frauen) begrenzt. Während die öffentlichen Steuergelder also eher für die eigenen, männlichen Interessen (wie beim Erwerb und Unterhalt der genannten Flächen) eingesetzt werden, ist für die anderen genannten Gruppen in der Regel weniger Raum und Geld vorhanden. Daß für Aufenthalts- und Erholungsfreiräume speziell für Frauen vergleichbare Summen aufgebracht werden, ist mir nicht bekannt. Im Gegenteil, selbst für Zufluchtsstätten geschlagener Frauen (Frauenhäuser) ist in den bundesdeutschen Kommunen häufig kein Geld vorhanden, bzw. die Bereitstellung kommunaler Mittel ist seit der Etablierung dieser Häuser durch die autonome Frauenbewegung durch beständige Auseinandersetzung gekennzeichnet. Der Einwand, daß es sich bei der Finanzierung der genannten Projekte um verschiedene ‚Haushaltstöpfe' handelt ist zwar richtig, dabei muß jedoch auch gesehen werden, daß Werthaltungen in Verbindung mit geschlechtsspezifischen Interessenlagen bei der Bemessung der jeweiligen Haushaltstöpfe nicht ganz unerheblich sind. — Daß die Interessen von Frauen wenig Chance haben, berücksichtigt zu werden, ist schon aufgrund der geringen Präsenz von Frauen in den Kommunalverwaltungen und -parlamenten naheliegend.

Resumée

Die Betrachtung der Aneignung öffentlich städtischer Freiflächen durch Frauen zeigt immer wieder das gleiche Phänomen: Frauen treten bei der Beanspruchung öffentlich städtischer Freiflächen offenbar nachrangig, defensiver in Erscheinung. Unabhängig davon, um welchen Freiflächentypus es sich handelt. Die zweitklassige gesellschaftliche Stellung von Frauen spiegelt sich insofern auch in nachgeordneten Besitz- bzw. Nutzungsrechten wider. Selbst das Beispiel Grünflächen, welches auf den ersten Blick gegenläufig zu sein scheint, entpuppt sich bei näherem Hinsehen als durchaus in diesen Zusammenhang gehörig.

Frauen werden also nicht nur sozial, sondern auch räumlich gesehen unterdrückt und an ihrer Entfaltung gehindert, wobei die verschiedenen Facetten der Unterdrückung sich gegenseitig ergänzen und stabilisieren und damit den Abhängigenstatus von Frauen verfestigen. Mit der Einschränkung des räumlichen Erfahrungshorizontes werden Frauen potentiell erfahrbare Lebensbereiche vorenthalten und damit wichtige Erfahrungen blockiert, die erst Überblick und Orientierung ermöglichen. Das wiederum zementiert die verbreitete Abhängigkeit, Unselbstständigkeit und Unsicherheit von Frauen und mobilisiert wiederum den „starken Mann", der nun als Führer, Beschützer und Retter in Erscheinung treten kann.

Wenn ich hier versucht habe, deutlich zu machen, daß Frauen sich bei der Aneignung der städtischen Lebensumwelt – mit weniger Rechten ausgestattet – auch weniger raumgreifend verhalten, dann vor allem, um der traditionellen Sichtweise in Stadtforschung und Stadtplanung, die die Lebenswirklichkeit von Frauen noch immer weitgehend ausblendet, ein Korrektiv entgegen zu setzen. Die Interessen und Bedürfnisse von Frauen müssen in Zukunft in der Stadt- und Verkehrsplanung sehr viel stärker berücksichtigt werden. Das wiederum setzt voraus, daß wir Frauen Forderungen entwickeln und ihnen in Kommunalparlament und -verwaltung auch entsprechendes Gehör verschaffen. Eine Gleichberechtigung in dem Sinne, daß nun auch Frauen z.B. massenhaft in die PKW's strömen und die Umwelt mit allen bekannten Problemen weiter belasten, sollte dabei allerdings tunlichst vermieden werden. Eine frauenfreundlichere Stadt wird immer auch eine menschengerechtere Stadt sein.

Literatur

Benard, Ch./Schlaffer, E. 1980: Der Mann auf der Straße. Reinbek.

Deutscher Sportbund (DSB) 1985: Bestandserhebung 1985. Frankfurt/M.

Freie Hansestadt Hamburg (Hg.) 1974: Der Stadtpark, Heft 5 der Schriftenreihe Freizeit – Freiflächenplanung, Hamburg.

Garbrecht, D, Allehof, W. et.al. 1978: Entscheidungshilfen für die Freiraumplanung. Verhaltenswissenschaftlich-empirischer Teil, Bd. I (Text), Schriftenreihe Landes- und Stadtentwicklungsforschung des Landes Nordrhein-Westfalen. Dortmund.

Gleichmann, P. 1963: Sozialwissenschaftliche Aspekte der Grünplanung in der Großstadt, Stuttgart.

Grossmann, M. 1958: Beitrag zur Erforschung des Bedarfs einer Großstadt an öffentlichen Garten- und Parkanlagen, nach Untersuchungen im Berliner Gebiet, Berlin.

Jirku, A., Schwarting, H. 1983: Gestaltung und Gebrauch von Parks – dargestellt am Beispiel des Bethmannparks und des Güntherburgparks in Frankfurt am Main. Diplomarbeit am Institut für Freiraumentwicklung und planungsbezogene Soziologie Universität Hannover. Hannover.

Kellermann, B. 1972: Der Öjendorfer Park, Schriftenreihe Freizeit-Freiflächen-Planung der Freien und Hansestadt Hamburg, H. 4, Hamburg.

Osburg, G. 1973: Untersuchungen zum Besuch allgemeiner öffentlicher Grünflächen in der gemeinsamen Stadtrandzone der Städte Essen und Gelsenkirchen, Dissertation, Hannover.
Pfister, G. 1980: Frau und Sport. Frankfurt/M.
Schöppner, A. 1984: Beurteilung des Erscheinungsbildes innerstädtischer Parkanlagen, H.3, D. 147-154.
Schwerdtfeger, W., Küffner, B. 1981: Analyse der Verkehrsteilnahme. Unfall- und Sicherheitsforschung. Straßenverkehr, H. 33, 1981, Hrsg. im Auftrage des BMV von der Bundesanstalt für Straßenwesen, Bereich Unfallforschung. Köln.
Terlinden, U. 1980: Baulich-räumliche HERRschaft — Bedingungen und Veränderungen. In: Dörhöfer, K./Terlinden, U. (Hg.): Frauen — Räume — Architektur — Umwelt. Beiträge 4 zur feministischen Theorie und Praxis. München, S. 48-63.
Wagner, M. 1915: Städtische Freiflächenpolitik, Berlin.
Wiedermann, D. 1985: Wie sicher ist der öffentliche Freiraum? In: Das Gartenamt, H. 6, S. 26-29.

Petra Rau

Stadtplaner sind autofahrende Männer

Die Gewalt der Stadt gegen Frauen am Beispiel Verkehr

Anstatt einer Einleitung ein kurzer Rückblick: Zuerst war da das Studium eines technischen Berufes. Parallel zum eher theoretischen Begreifen des unmittelbaren Zusammenhangs von technischen Systemen und Herrschaftsformen schärfte sich die geschlechtsspezifische Sichtweise der Stadt als Lebensort mit klar umrissenen Lebensbedingungen für Frauen.

Angeleitet von männlichen Lehrern lernte ich die Stadt als technisches System kennen. Als einzig ‚richtiger' Zugang zur Planung wurden mir die normierten Grundlagen vermittelt, der mühevolle Versuch Planung als harte Wissenschaft zu etablieren.

Halt – nein – kritisch waren sie auch, die Lehrer. Daß Planung etwas politisches sei, haben sie gesagt; nur – daß das Private politisch ist, der Umgang von Männern mit Frauen gebaut festgeschrieben wird, haben sie verschwiegen.

Der Blick auf den Frauenalltag war verstellt mit vorgefertigtem Regelwerk der Planung. Die Kenntnis dessen ist sicher wichtig, auch im Detail, um zu wissen, was uns unterdrückt, was unsere Entfaltungs- und Entscheidungsfreiheit nachhaltig beeinträchtigt. Nur – der Standort der Betrachtung entscheidet über die Erkenntnis, über die Beurteilung des Vorgefundenen. Denn alles, was uns räumlich und materiell umgibt, beinhaltet die Gebrauchsanweisung des Erfinders.

Wichtige Lehrerinnen gingen zunächst unter im technischen Verständnis; es sind unsere Mütter, die Nachbarinnen, die Frauen auf der Straße und in den Wohnungen. Die reden nicht klug daher, sondern leben, mal mehr schlecht als recht mal umgekehrt. Die Frage nach dem großen Lebensentwurf nach Regeln dafür stellt sich ihnen nicht.

Sie suchen nicht stets nach neuem Festzulegendem, nach Gesetzen und Richtwerten, die es im Alltag zu überprüfen gilt. Erfahrungswerte entscheiden über das, was zu tun ist. Allmählich verfertigen sie in dem Wissen, nie ganz fertig zu werden.

Die Gewalt der Stadt, ein vielgestaltiges Phänomen

Gewalt ist nicht nur, wenn ein Mensch offensichtlich verletzt wird, es gibt Formen der Gewalt, die unsichtbar unser Leben bestimmen, die sogar soweit gehen, daß wir sie nicht mehr wahrnehmen. Angst ist eine Form davon.

Offene Gewalt umfaßt nur einen Bruchteil der vorhandenen. Bei ihr sind Täter, Opfer und die Art und Weise bekannt. Die strukturelle Gewalttätigkeit dagegen benennt entweder Täter oder Opfer nicht klar, oder die Methode ist bis zur Unkenntlichkeit verschleiert. Die Gewalt wird nicht mehr als solche empfunden. So reicht z.B. die Androhung von Gewalt aus, um das erwartete, aber von den Betroffenen nicht gewollte Verhalten durchzusetzen. Sie hinterläßt bei den Betroffenen keine sichtbaren Verletzungen. Schädigungen und Deformationen treten erst langfristig an Psyche, Körper und sozialen Beziehungen auf.

Gewaltverhältnisse beschreiben immer auch Herrschafts- und Machtverhältnisse, d.h. ein Teil der Bevölkerung übt Macht über einen anderen aus. Ein ganz altes ist das Patriachat. Macht von Männern – auch über Frauen – bestimmt die Art zu leben, sozial und räumlich.
Ausdruck findet die der Macht innewohnende strukturelle Gewalt der Stadt z.B.
- in gewaltigen Wohnanlagen
- im gewaltsamen Ausgeliefertsein an den Autoverkehr
- in der Ignoranz gegenüber der Alltagsbewältigung von Frauen in der Stadt

Aus Forschung und Leere

Es gibt eine Fülle von Beispielen aus der Architektur, der Stadt- und auch Landschafts- und Grünplanung, die den gewaltsamen Zugriff auf die Lebensbedingungen von Frauen beschreiben. Am Beispiel der Verkehrsplanung – die den Hauptteil unserer Stadtplanung ausmacht – und deren Grundlagen will ich verdeutlichen, wie sich das technische Fortbewegungsmittel Auto über seine Handlanger, die Planer strukturell gewalttätig gegen Frauen verhält.

1976 gab es zum ersten Mal eine bundesweite Stichprobenbefragung der Haushalte zum Verkehrsverhalten, die KONTIV (kontinuierliche Erhebung des Verkehrsverhaltens). Eine zweite gab es 1982. Es wurde u.a. nach benutzten Verkehrsmitteln, nach zurückgelegten Wegen, nach PKW- und Führerscheinbesitz, nach Fahrzwecken beispielsweise gefragt. Am Beispiel des Fragebogens wird die Trennung der Lebensbereiche nach Wohnen, Arbeiten etc. deutlich.

So wie jede Frage den Rahmen der Antwort bestimmt, stellt die Vorformulierung von Antworten eine weitere Einengung der möglichen Reaktionen dar.
Frauenalltag ist: Ich gehe zum Bäcker und bringe gleich noch die Schuhe zum Schuster, weil er seinen Laden neben dem Bäcker hat, schaue noch kurz bei der Mutter rein, die um die Ecke wohnt, und kaufe noch das Fehlende fürs Mittagessen ein, wenn ich schon mal unterwegs bin.
Für diesen kombinierten Weg wäre im Konzept der KONTIV eine ganze Seite auszufüllen, 5 Wege im Denken des Planers, nicht aber im Denken und Handeln der Frauen.

Das Auseinanderdividieren dieser Tätigkeiten und Wege führt zwar dazu, daß eine statistische Auswertung möglich ist, beschreibt jedoch nur bruchstückhaft den tatsächlichen Alltag.

Es ist nicht schwer sich auszumalen, wie das Ergebnis der Befragung, schon auf diesen kleinen Abschnitt bezogen, aussieht.
Klar festgelegte Tagesabläufe sind entsprechend dem Aufbau des Fragebogens am besten zu erfassen. Es sind die Tagesabläufe der erwerbstätigen Männer, die zu 90% (laut KONTIV 82) über ein Auto verfügen.

Wenn anschließend daraus ein Modell entsteht, wird wie selbstverständlich über Frauen mitverhandelt. Diese ‚Ungenauigkeiten' werden spätestens nach dem Zusammenbauen des Modells ad acta gelegt, bleiben in allem Folgenden unerwähnt.

Für Verkehrsmodelle ist eine Verkürzung der Realität immer notwendig. Sie müssen eindeutig, vollständig und widerspruchsfrei sein, also der Wirklichkeit zuwider laufen. Die Modellentwerfer unterliegen dem Zwang, das, was sie vorfinden, als vollständig begreifbar anzusehen. Da aber die Realität zu kompliziert ist, werden vereinfachende Modelle zur Beschreibung dessen, was ist, entworfen. So auch in dieser KONTIV. Diese und andere Haushaltsbefragungen sind wesentliche Grundlagen für die Verkehrsplanung. So werden z.B. nach dem Vorbild des KONTIV-Fragebogens Erhebungen durchgeführt, die der Generalverkehrsplanung zugrunde gelegt werden. Es gilt: je weiter Daten verarbeitet werden, um so höher die Wahrscheinlichkeit, daß die Aussagekraft gegen 0 geht.

Wie eingangs beschrieben, entscheidet der subjektive Standort der Betrachtung über die Aussage zum Vorgefunden. Alle Erhebungsergebnisse fallen auf den fruchtbaren Boden der politisch vorformulierten Mobilitätssteigerung. Sie fügen sich naht- und widerspruchslos ein in bisher Erhobenes, passen ins Bild.

Was ist Mobilität eigentlich? Es kommt von mobil sein sein, beweglich sein. Sind wir denn automobil, wenn wir im Auto sitzen? Bewegen wir uns denn selbst, oder sind wir genau das Gegenteil als Autofahrende? Täuscht nicht die Maschine Beweglichkeit vor, während wir selbst immer unbeweglicher werden im Denken und Handeln?

Mobilität im heute gebräuchlichen Sinn wird immer noch positiv empfunden, obwohl sie gleichbedeutend ist mit mehr Wege-, Energie- und Zeitaufwand, mit mehr Lärm in Stadtwohnungen, Zerstörung von Freiräumen, immer schlechterer Luft. Es bedeutet Mehraufwand für Kinderbetreuung, was Frauen mehr an Haus und Kinder bindet. Mobilität wird positiv beschrieben als Ortsungebundenheit – nur das bedeutet auch Heimatlosigkeit, Bezugslosigkeit zum Wohn- und Lebensort, Gleichgültigkeit demgegenüber, was vor der eigenen Haustür passiert, bringt Abhängigkeit von Verordnetem mit sich.

Das vorherrschende Verständnis hingegen verleugnet, daß nur ein Bruchteil der Bevölkerung es sich leisten kann, den Folgen des Autoverkehrs zu entkommen und daß die Betroffenheiten ungleich verteilt sind über die gesellschaftliche Zuschreibung bestimmter Tätigkeiten.

Wer den Vorteil und wer das Nachsehen in der autogerechten Stadt hat, wenn er oder sie die Straße benutzen will, verdeutlichen selbst noch die unzulänglich erhobenen Daten. Frauen sind und bleiben den Auswirkungen des Autoverkehrs stärker ausgesetzt als Männer.

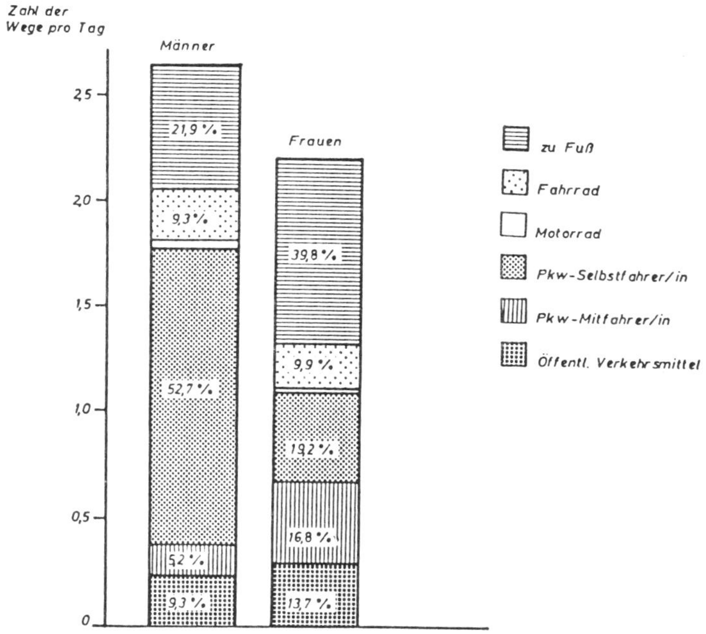

Transportmittelwahl und Zahl der Wege pro Tag einer Person nach Geschlecht, aus: Buschkühl,A. 1984, nach "Merkmalsbaum" in: Schwerdtfeger/Küfner 1981, Datenbasis KONTIV 1976

aus: Buschkühl, A. 1984

Dieser Tatsache wird in der Planung in keiner Weise entsprochen. Das verwundert nicht weiter, wenn wir uns vergegenwärtigen, wer im Stadtplanungsamt planend tätig ist. Es sind die autofahrenden Männer. Ihnen ist der Alltag ihrer Frauen weitgehend unbekannt.

Wohnungen, Straßen, Wege, Plätze und Grünanlagen sind Arbeitsplätze von Frauen und müssen als solche zunächst wahrgenommen werden, um eine Veränderung erreichen zu können.

Planer kennen nicht die Angst, mit einem Kind auf dem Rad den viel zu dicht heranfahrenden Autos ausgeliefert zu sein, das tagtägliche Ausweichen auf zugeparkten Gehwegen beim Schieben des Kinderwagens, das ständige rauf und runter bei Bordsteinen, weil sie nicht abgesenkt sind an einmündenden Seitenstraßen. Sie wissen nicht, daß das Überqueren der Straße mit Kinderwagen an nicht ausdrücklich dafür vorgesehenen Stellen unmöglich ist, Frauen zu großen Umwegen gezwungen sind, zu minutenlangem Warten vor Ampeln und auf Mittelinseln im Lärm und eingehüllt in Abgasen vorbeirasender Autos. Auch die Schwierigkeit mit Kinderwagen und Einkaufstaschen beladen ein öffentliches Verkehrsmittel zu benutzen, ist ihnen kein Begriff.

Ebenso das ständige Überlegen müssen, wo laufe ich, laufe ich rechts oder links, wie laufe ich, gucke ich hinter mich, meide ich dunkle Orte beim nächtlichen Heimweg, ist Ausdruck von Realängsten vor allem auch von jüngeren Frauen. Ältere Frauen entscheiden oft aus Angst vor Gewalt, abends gar nicht erst das Haus zu verlassen. Aber selbst das Wissen allein genügt nicht, der Wille entscheidet.

Neue Ziele oder Wege

Der Sprachgebrauch der Planer ist zentral für den vermittelten Inhalt. Macht hat nicht nur, wer Ziele und Mittel bestimmt, wer definiert, was Ursache und Wirkung ist, sondern vor allem, wer die Feststellung von Zielen als lebensrichtig und – wichtig vorgibt, dem Weg damit eine Nebenrolle erteilt. Alle Ziele, sofern sie zu Lebzeiten erreichbar sind, beschreiben neue, vorgedachte Wege. Lebendiges ist ständig in Be'weg'ung. Die Stadt als Ort unendlich vieler Lebensgeschichten und -wege wahr- und ernstzunehmen, ist die Voraussetzung, über neue Wege nachzudenken.

Mehrere Wege werden mittlerweile gegangen. Den Anfang haben die autonomen Frauengruppen gesetzt, die als erste das Thema Gewalt gegen Frauen in die Öffentlichkeit brachten. Frauenhäuser, Notrufgruppen, Krisentelefone, Nachtaxiinitiativen u.v.m. wurden ins Leben gerufen, als akute Reaktion. Sie waren die Wegbereiterinnen für die Frauenpolitik in Parteien und Verwaltungen und sind seitdem auch wichtige Kritikerinnen.

Den institutionellen Weg gehen die mittlerweile über 100 Gleichstellungsstellen bundesweit. Sie haben sich für das aktuelle Einmischen auf administrativer Ebene entschieden, eine mühevolle, kraftzehrende Arbeit. Dafür sind eine Vielzahl von Forderungen vorstellbar und Möglichkeiten schon heute auszuprobieren. Zu diesem Weg gehört auch das Öffentlichmachen von Frauenbenachteiligungen. Der Phantasie hierfür sind keine Grenzen gesetzt, z.B. Veranstaltungen, kontinuierliche frauenpolitische Arbeitsgruppen, Volkshochschulkurse für Frauen zu Planungsthemen, Wochenendtreffen, um eine frauenfreundliche Stadt mit Material zu bauen.

Neben der institutionellen Arbeit steht die Beurteilung dessen an, was Frauen unterschiedlichster Denk- und Handlungsart bisher in die aktuelle politische Diskussion eingebracht haben. Über eventuelle Korrekturen im Umgang mit vorhandenen planerischen Instrumenten muß nachgedacht werden. So hat mir die öffentliche Diskussion zum Nachttaxi gezeigt, daß unmittelbar nach dem Aussprechen dieses magischen Wortes eine politische Auseinandersetzung entbrannte, die Stroh in das bestehende Feuer warf. Nun hatten die Herren Planer endlich eine konkrete Forderung, die sie nach allen Regeln ihrer Kunst auseinandernehmen konnten, um schließlich den Beweis der nicht-Tragfähigkeit antreten zu können. Schnell war der eigentliche Inhalt an die Seite gelegt, bewußt nicht begriffen; Zahlen, betriebswirtschaftliche Rechnungen traten an dessen Stelle. Die Geister, die wir riefen, werden wir zumindest zu diesem Thema nicht mehr los. Der männliche politische Wille zu lernen blieb, wie vermutet, ein Lippenbekenntnis.

Der andere Weg wird von uns Planerinnen beschritten. In vielen Diskussionen wird aus allen politischen Richtungen die Forderung nach Konkretem an uns herangetragen. Aber auch von uns selbst (sicher gemischt mit Rudimenten unserer Lehrer) kam der Wunsch zu formulieren, was z.B. frauengerechtes Wohnen ist, oder wie ein frauengerechtes Straßenprofil aussieht. In Diskussionen wurde deutlich, daß wir den großen männlichen Vorsprung im Hinblick auf Ausprobieren, Verwerfen und neu Versuchen von Ideen nicht hatten. Ein Teil der Frauen will dennoch endlich bauen, mittlerweile werden auch die ersten Projekte bearbeitet. Parallel dazu arbeiten andere an grundlegenden Veränderungen theoretisch weiter. Denn nach wie vor sind die vielen Möglichkeiten zur Veränderung und die Kritik am Bestehenden nur teilweise vertieft, nicht ausformuliert und zur Diskussion gestellt.

Für sinnvoll und notwendig halte ich die Zusammenarbeit des einen und des anderen Weges. Insgesamt betrachtet ist eine gewisse Vorsicht angebracht, mit dem Rezept wedelnd sich in den Reißwolf männlicher Planungsbürokratie zu begeben. Dem vereinnahmenden, raumgreifenden Wesen der Männer ist kein Vorschub mehr zu leisten, indem wir ihnen von uns vorgeleistete Arbeit sang- und klanglos für ihr persönliches Renommée zur Verfügung stellen.

Petra Rau

Renate K. am Arbeitsplatz Strasse

Ein Stück Frauenalltag

Die Geschichte von Renate K., verheiratet und Mutter des 8 Monate alten Daniel, ist eine Geschichte, die jeden Tag Millionen von Müttern schreiben könnten. Sie steht für das, worüber man(n) nicht spricht, scheinbar unwichtiges zu vernachlässigendes. Renate K. wohnt im Westen der Stadt an einer Hauptverkehrsstraße im 4. Stock. Viele Dinge hat sie heute zu erledigen, den Einkauf, Gesundheitsamt, Rathaus, kurz einer Freundin etwas vorbeibringen. Sie steht im Flur, legt Daniel in die Kinderwagentasche; überlegt, ob sie alles hat, greift nach dem Portemonnaie und dem Schlüssel und geht. Im Hausflur fällt ihr Blick wieder einmal auf das Schild:

„Kinderwagen und Fahrräder abstellen verboten! Der Hauswirt"

„Der hat gut reden, soll selbst mal einen Kinderwagen und Einkaufstaschen in den 4. Stock tragen."

Das ist der Anfang einer Studie, die im Auftrag der Kasseler Frauenbeauftragten zum Thema „Probleme von Frauen im Kasseler Straßenverkehr" von Urta Steinhäuser und mir erstellt wurde. Inhalt dieser Studie ist eine mit Exkursen versehene Wegbeschreibung. Es wurde ein Stück Frauenarbeit, ein Stück Frauenalltag in Kassel sichtbar gemacht, der nicht aus dem Rahmen fällt, der wenig spektakulär ist. Wir haben etwas genauer hingesehen, wie die Wege beschaffen sind, wieviele Umwege gegangen werden müssen, als Ausdruck dafür, welchen Stellenwert Frauen als Verkehrsteilnehmerinnen eingeräumt bzw. nicht eingeräumt wird. Denn die alltägliche Arbeit und nicht die Freizeit erfordert immer noch den größten Zeit- und Energieaufwand vor allem von Frauen. Die Stadtplaner/innen haben dazu ihren Beitrag zu leisten.

Zurück zu Renate K. Sie biegt um die Ecke in eine verkehrsberuhigte Wohnstraße. Vor ihr geht eine andere Mutter mit 2 Kindern. Ein ausparkender Autofahrer fährt sie beinahe an.

Die Frau schreit ihn an:

„Können Sie denn nicht besser aufpassen?!"

Renate K. denkt:

‚Warum gibt es hier jetzt keine Gehwege mehr? Auf denen habe ich mich sicherer gefühlt als auf diesem großen verkehrsberuhigten Parkplatz. Hier weiß ich nicht mehr, wo ich laufen darf. An der Wand entlang geht's nicht mehr, weil Stufen reinragen, Blumenkübel, Laternen und diese komischen Betonklötze plötzlich im Weg stehen. Die Schleife zu laufen, wo die Autos fahren, ist mir zu gefährlich.'

Sie zwängt sich zwischen Stufen und Laterne durch, wo ihr gerade noch 2 Fußgänger entgegenkommen, die muß sie erst vorbeilassen. Am Bebelplatz angekommen, will sie zuerst in den Kinderladen an der Ecke, von dort ins

Hamburg

die freundlic

Haushaltswarengeschäft gegenüber. Sie versucht über die Straße zu kommen, sieht aber, daß es aussichtslos ist, und entschließt sich, den sichersten Weg und damit den größten Umweg zu gehen. Die Autos rasen an ihr vorbei um die Ecke, keiner hält an.

Sie denkt:
„Als ich mit dickem Bauch hier stand, haben die meisten angehalten, heute mit Kinderwagen nicht mehr."

Sie wirft einen Blick auf die andere Straßenseite, restlos zugeparkt. Sie sucht nach einer Lücke, um auf dem kürzesten Weg wieder sicheren Boden unter den Füßen zu haben. Auf dem Gehweg sieht sie eine Bekannte, sie würde gerne ein paar Worte mit ihr wechseln, aber schon entsteht ein Stau hinter ihr, sie muß weitergehen. Sie flucht über die parkenden Autos auf dem Gehweg. Sie nimmt den etwas längeren Weg, da ist auf dem Gehweg noch etwas mehr Platz für sie und den Kinderwagen. An vielen Stellen muß sie trotzdem anhalten, Leute vorbeilassen, kann an älteren Passanten nicht vorbei, ständig die Bordsteine rauf und runter, Laternen, Stromkästen, Splittkästen, Autoschnauzen muß sie umfahren. Plötzlich klingelt es vor ihr, eine Radfahrerin auf dem Gehweg.
„Warum fahren die nicht auf der Straße, wo sie hingehören!"

Nur wenige hundert Meter weiter:
„Eigentlich müßte ich gegenüber noch etwas erledigen. Das wäre allein nicht so schwierig, aber mit dem Kinderwagen?! Unmöglich! Also an den Gittern entlang, bis zur nächsten Öffnung und über den beampelten Überweg."

Der Gang zum Gesundheitsamt ist erledigt, sie will jetzt zum Rathaus schräg gegenüber; aber – keine Rampe, kein Überweg. Wieder muß sie einen Umweg laufen, bis zur nächsten Ampel und warten. Daniel fängt langsam an zu quängeln. Um ins Rathaus zu gelangen, muß sie es erst halb umfahren, nur dort gibt es einen ebenerdigen Eingang. Nachdem sie auch das hinter sich hat, entscheidet sie sich, mit der Straßenbahn zurückzufahren, Daniel meldet sich nun endgültig, er hat Hunger.
„Also, lieber schlecht gefahren als gut gelaufen, Hauptsache ich bin schneller."

Doch ihre Rechnung geht nicht ganz auf, die Straßenbahn kommt, ist voll. Zwei Personen ohne Kinderwagen und Gepäck drängen noch in den Wagen. Sie bleibt zurück, muß auf die nächste warten. Die nächste nimmt sie mit, nach dem Hochwuchten des Kinderwagens ist sie erstmal geschafft. Die Bahn steht noch minutenlang vor der Ampel.
„Grüne Welle für Bus und Bahn, daß ich nicht lache! Gestern stand es noch in der Zeitung, daß sie etwas dafür tun wollen, daß mehr Leute mit der Bahn fahren. Da sollen sie erstmal genug Bahnen einsetzen für die, die jetzt schon fahren müssen, so wie ich. Wenn ich bloß ein Auto hätte ..."

Dieser Beitrag wurde übernommen mit freundlicher Genehmigung aus: FREI-RÄUME, Streitschrift der feministischen Organisation von Planerinnen und Architektinnen – FOPA e.V., Heft 2, Berlin 1986.

Die Studie, auf die Bezug genommen wird kann bei der Kasseler Frauenbeauftragten angefordert werden.

Ulla Terlinden

Wenn Frauen eine Wohnung suchen ...

Chancen von Frauen auf dem Wohnungsmarkt

Die Frage der Wohnungsversorgung ist eine Frage vor Ort, also eine kommunale Frage. Der Bund setzt Rahmenbedingungen, jedoch die Menschen suchen Wohnungen dort, wo sie leben und arbeiten. Trotz der großen Relevanz der Wohnungsfrage im Leben des Menschen – jede/r kann es aus eigener Erfahrung bestätigen – hat es meines Wissens bislang keine Untersuchung zur Situation von Frauen auf dem Wohnungsmarkt gegeben. Doch aus allgemeinen Daten zur Wohnungsversorgung, aus Wohnbaugesetzen und ihren kommunalen Ausführungsvorschriften, aus Richtlinien der Wohnungsbaupolitik sind die desolaten Ausgangspositionen von Frauen als Nachfragerinnen auf dem Wohnungsmarkt zu erkennen. Hierbei handelt es sich um:

– alleinstehende Frauen,
– alleinerziehende Mütter,
– Frauen, die – ob mit oder ohne Kinder – zusammenleben.

Diese Frauen haben es besonders schwer, geeigneten Wohnraum zu finden.

Einen wesentlichen Faktor der Benachteiligung alleinerziehender Mütter stellt das vergleichsweise niedrige Einkommen der Haushalte mit weiblichem Haushaltsvorstand dar. Die Betrachtung der statistischen Werte ergibt ihre deutliche Überrepräsentanz in den unteren Einkommensbereichen gegenüber Haushalten mit männlichem Haushaltsvorstand – bei gleicher Haushaltsgröße (vergl. Statistisches Jahrbuch).

Nun ist aber nicht davon auszugehen, daß die statistische Kategorie eines Haushaltsvorstandes nichts über die tatsächlichen Lebensverhältnisse aussagt. Gesellschaftliche Norm und damit gesellschaftliche Normalität ist der Haushalt der Kleinfamilie. So bedeutet ein männlicher Haushaltsvorstand eines beispielsweise Dreipersonen-Haushaltes eine Kleinfamilie, ein weiblicher Haushaltsvorstand eines solchen Haushalts **eine alleinerziehende Mutter** von zwei Kindern.

Die Gründe für das niedrige Einkommen von alleinerziehenden Frauen sind in den allgemein schlechteren Bedingungen von Ausbildung und Erwerbstätigkeit von Frauen, sowie in der häufigen Abhängigkeit von Unterhaltszahlungen, Sozialhilfe oder anderen staatlichen Unterstützungsleistungen zu finden. Auf dem Wohnungsmarkt ist jedoch die Solvenz die wichtigste Komponente. Individuelle Bedürfnisse und Verläßlichkeiten spielen bei der Wohnungssuche keine Rolle, was zählt, ist das monatliche Einkommen. Sind die Chancen für alleinerziehende Mütter aufgrund ihrer Einkommensituation auf dem Wohnungsmarkt gering gegenüber finanziell stärkeren Nachfragern, ist es doch gerade für diese Frauen, besonders wenn ihre Kinder noch versorgt werden müssen, eminent wichtig, eine Wohnung zu finden, die ihrer schwierigen Lebenssituation angepaßt ist: eine Wohnung, die im Nahbereich ausreichend mit Einrichtungen zur Kinderbetreuung ausgestattet ist, aber auch eine Wohnung, die es erlaubt erwerbstätig zu sein. Sie darf zum Beispiel weder am Stadtrand ohne Anbindung an den öffentlichen Nahverkehr liegen noch allein schon wegen ihrer Lage die Aufnahme einer Arbeitsstelle verhindern. Neben den rein materiellen, ökonomischen Faktoren der Benachteiligung treten soziale. Frauen wird nicht zugetraut, daß sie ohne Familienvater einen ordentlichen Haushalt führen und die Kinder angemessen erziehen können.

Auch **alleinlebende Frauen** – ohne Kinder – erleben auf dem Wohnungsmarkt eine krasse Benachteiligung. Wie für alle Frauen wirkt sich die schlechtere Berufsausbildung sowie schlechtere Berufschancen und niedrigeres Einkommen auf die Erfüllung ihrer Wohnwünsche aus. Rentnerinnen und Frauen, die Arbeitslosengeld/hilfe beziehen, trifft es besonders. Renten und Arbeitslosengeld richten sich nach der Höhe des Einkommens, Dauerarbeitslosigkeit und große Lücken in den Versicherungszeiten führen häufig zu Renten, die sich auf dem Existenzminimum bewegen.

Beabsichtigen zwei, drei Frauen – mit oder ohne Kinder – zusammenzuziehen, ist dies ein fast unmögliches Unterfangen und dies, obwohl meist das Haushaltseinkommen durch zweifachen Verdienst höher und gesicherter ist. Hierbei spielt weniger die Solvenz der Mietpartei eine Rolle als die Wertung der Zusammensetzung ihrer Haushaltsmitglieder. Nichtfamiliäre Wohnzusammenschlüsse lassen beim Vermieter das Bild von ungeordneten, unzuverlässigen Mietern entstehen. Dies gilt allgemein für Wohngemeinschaften, jedoch besonders für **Frauenwohngemeinschaften**.

Staatliche Wohnungspolitik – die Chancen von Frauen verschlechtern sich

Der Wohnungsmarkt ist mit anderen Märkten der kapitalistischen Gesellschaft in der Bundesrepublik nicht zu vergleichen, denn seit 1950 wird im Rahmen sozialstaatlicher Politik auch eine sozialorientierte Wohnungspolitik betrieben. Dieser Soziale Wohnungsbau, eingeleitet mit dem I. Wohnungsbaugesetz von 1950, sollte einen Ausgleich für solche Nachfrager/innen schaffen, die aufgrund ihres Einkommens den geforderten Mietzins auf dem marktwirtschaftlich geregelten Wohnungsmarkt nicht bezahlen können. Die Vergabe dieser öffentlich geförderten Wohnungen ist deshalb an Einkommensgrenzen gebunden. Hinzu kommt das Wohngeld, das als direkte, öffentliche Hilfe an die Haushalte gezahlt wird.

Aufgrund der Ausrichtung staatlicher Wohnungspolitik haben sich in den letzten Jahren verstärkt die Schwerpunkte der Förderung vom Sozialen Wohnungsbau weg hin zum Eigenheim verlagert. Günstige steuerliche Konditionen beim Bau von Eigenheimen oder bei privaten Investitionen im Mietwohnungsbau (Stichwort: Bauherrenmodell) und die starke finanzielle Kürzung der Mittel für den Sozialen Wohnungsbau sind die Hauptinstrumente dieser Politik seit Anfang der 80er Jahre. Das Angebot an preisgünstigen Wohnungen verringert sich also drastisch, wohingegen die Nachfrage nach diesen Wohnungen steigt. Nach der politischen Maxime „mehr Markt, weniger Staat" verschärft sich quantitativ und qualitativ die Situation. Vorwiegend davon betroffen sind Frauen als Alleinstehende, Alleinerziehende und als Rentnerinnen.(1)

Kommunale Ansatzmöglichkeiten für eine frauengerechte Wohnungsvergabe

Die gesetzlichen Grundlagen der staatlichen Wohnungspolitik bilden das II. Wohnungsbaugesetz von 1952 in seiner Fassung von 1980, das Wohnungsbindungsgesetz (Fassung von 1982) und das Wohngeldgesetz. Sie unterscheiden sich jeweils in der Ausrichtung der Förderung.

Das **II. Wohnungsbaugesetz** hatte seine besondere Relevanz in der Phase der großen Wohnungsnot zur Zeit des Wiederaufbaus. Aber auch heute fehlen immer noch Wohnungen mit niedriger Miete. Es ist damit weiterhin Grundlage zur Förderung der Errichtung von Neubauten im Sozialen Wohnungsbau. Wie bereits gesagt, geht zwar die Wohnungspolitik in eine andere Richtung und es werden Mittel für den Neubau drastisch gekürzt. Dennoch werden in jeder Stadt Neubauten im Sozialen Wohnungsbau errichtet. Wichtig ist dieses Gesetz in diesem Zusammenhang, weil dort ausdrücklich Alleinerziehende und Alleinstehende als besonders zu fördernde und zu berücksichtigende Personengruppen genannt sind. Hier wäre ein Hebel, an dem eine frauengerechte Wohnungsvergabe ansetzen könnte. Es sind Sonderprogramme der Förderung von Seiten der Landesbehörden und der Kommunen für diese Personengruppen denkbar, und den Nutzen davon hätten vorwiegend Frauen, weil sie aufgrund ihres niedrigen Einkommens zum Kreis der Anspruchsberechtigten gehören.

Das **Wohnungsbindungsgesetz** legt die normativen Richtlinien über die Vergabe bereits gebauter Wohnungen im Sozialen Wohnungsbau fest. Wenn also eine Wohnung frei wird, gilt bei neuer Vermietung das Wohnungsbindungsgesetz. Dort wird die Vergabe der Wohnungen anhand der Wohnberechtigung geregelt. Diese Wohnberechtigung wird in Form von Bescheinigungen von den Wohnungsämtern der Gemeinden aufgestellt. Interessant sind hierbei die Ausführungsvorschriften der Länder und verwaltungsinterne Richtlinien, da sie die sehr allgemein gehaltenen und auslegungsfähigen Gesetze konkretisieren und durchaus alleinerziehende Mütter und alleinstehende Frauen in der Vergabe preisgünstigen Wohnraums besonders berücksichtigen könnten. Vor allem, wenn die Behörde ein sogenanntes eingeschränktes Besetzungsrecht hat. Dies hat sie, 1. wenn die Vergabe öffentlicher Mittel der Gemeinde mit der Auflage verbunden ist, daß die Gemeinde ein Besetzungsrecht erhält und 2. wenn für „Gebiete mit erhöhtem Wohnbedarf" ein Besetzungsrecht durch Rechtsverordnung der Landesregierung festgelegt wurde.(2)

Nach einer internen Aufstellung des zuständigen Referats im Bundesministerium für Raumordnung, Bauwesen und Städtebau sind dies gegenwärtig die stark besiedelten Städte und Landgemeinden in NRW, Hessen und Bayern, in den Stadtstaaten West-Berlin, Hamburg und Bremen, in Baden-Württemberg nur sechs Großstädte und in Saarland, Niedersachsen und Schleswig-Holstein haben die Gemeinden überhaupt kein Besetzungsrecht bei Sozialwohnungen.

Hierbei sind der Einfluß und die Eingriffsmöglichkeit von kommunaler Seite noch größer. Das Wohnungsamt der Gemeinde verschafft sich mit dem Besetzungrecht einen direkten Einfluß auf die Vermietung, denn sie hat das Recht, drei Bewerber/innen (mindestens) für die ihr zu meldende frei gewordene Wohnung vorzuschlagen, von denen sich der/die Vermieter/in eine/n aussuchen muß. Nur in begründeten Fällen können die Bewerber/innen abgelehnt werden. In der Regel wird dabei die zahlungsfähigsten mit gesichertem Einkommen und in „normalen" Familienverhältnissen Lebenden mit einem männlichen Haushaltsvorstand versehene Bewerber/innen bevorzugt.

Dennoch eröffnet sich hierbei eine Möglichkeit, für eine frauengerechte Wohnungspolitik auf der kommunalen Ebene, indem eben nur Frauen auf die Bewerbungslisten gesetzt werden. Eine weitere Tatsache, die vor allem die Frauen benachteiligt, die mit anderen Frauen zusammenziehen wollen, ist, daß bei den Wohnberechtigungen nur Familienangehörige berücksichtigt werden und so das Zusammenlegen zweier Wohnberechtigungen, z.B. zweier alleinerziehender Mütter nicht möglich ist. Die Familie auch „als Rest" steht hierbei als gesellschaftliches Leitbild im Hintergrund. Dieses Leitbild verhindert einen von der Einkommenssituation durchaus berechtigten Anspruch dieser Haushalte auf öffentlich geförderten Wohnungsbau. Auch hier sollte von der Kommune im Sinne nicht familiärer Wohnformen einiges getan werden.

Das **Wohngeld** ist eine Einzelförderung an die Haushalte. Von der Bundesregierung wird diese Seite der Förderung immer stärker favorisiert. Ohne auf die Gesamtproblematik dieser konservativ-liberalen Wohnungspolitik insgesamt einzugehen, ist doch auf die damit verbundene stärkere Ausgrenzung einkommensschwacher Bevölkerungsschichten hinzuweisen, und hierzu gehören vorwiegend Frauen „ohne Mann". Auch in diesem Gesetz ist die Höhe der Bewilligung nur von verwandtschaftlich verbundenen Haushalten abhängig, auch hierbei ist die Familie gesellschaftliches Leitbild. Andere Wohn- und Lebensformen gelten als nicht förderungswürdig.

Eine weitere Ebene der Einflußnahme von Seiten der Kommune, um die Diskriminierung von Frauen auf dem Wohnungsmarkt abzubauen, sind die gemeinnützigen Wohnungsbaugesellschaften und vor allem diejenigen, die sich in städtischer Hand befinden. Ein Großteil des öffentlich geförderten Sozialen Wohnungsbaus ist von gemeinnützigen Wohnungsbaugesellschaften errichtet worden. Die Gemeinnützigkeit verpflichtet diese Unternehmen gerade für sozial Schwache Wohnungen zu schaffen; so der in den 50er Jahren formulierte Antrag. Viele der gemeinnützigen Wohnungsbauunternehmen sind städtische Gesellschaften, d.h. die Kommunen haben auf die Geschäfts- und damit auch auf die Vermietungspolitik dieser Unternehmen einen direkten und wirkungsvollen Einfluß.

Gerade auf der kommunalen Ebene kann die Situation von Frauen auf dem Wohnungsmarkt verbessert werden; wo auch sonst? Sie suchen dort in der Gemeinde eine Wohnung. Vor allem dort kann durch kommunalpolitische Initiativen ihre krasse Benachteiligung verringert werden.

Während in den Stadtstaaten durch die enge Verflechtung von Landes- und Kommunalpolitik sehr konkrete Ausführungsbestimmungen zur Wohnungsbaugesetzgebung bestehen, sind die Ausführungsbestimmungen der Flächenstaaten sehr offen, so daß für kommunale Politik ein großer Spielraum vorhanden ist. Aber auch die enge Verflechtung in den Stadtstaaten eröffnet für die Kommunen Einflußmöglichkeiten.

Die Wege einer Verbesserung der Situation von Frauen auf dem Wohnungsmarkt sind gegeben, und Frauen sollten sie durchsetzen. So sind die ersten beiden Forderungen personeller Art:

- Frauen in die Bauausschüsse der Gemeinden und als
- kommunale Vertreterinnen in die Aufsichtsgremien der städtischen Wohnungsbauunternehmen.

Von der Sache her wäre wichtig:

- im Sinne des II. Wohnungsbaugesetzes die besondere Berücksichtigung alleinstehender Frauen und alleinerziehender Mütter durchzusetzen und evtl. Sonderförderungsprogramme einzuleiten;
- ein Zusammenlegen der im Wohnungsbindungsgesetz festgelegten Wohnberechtigungen zu ermöglichen, so daß auch für nicht-familiäre Wohngemeinschaften mit niedrigem Einkommen, ihrem Anspruch gemäß, öffentlich geförderter Wohnungsbau zu mieten ist;
- auch das Wohngeld sollte an solche Frauenhaushalte ihrer Haushaltsgröße entsprechend gezahlt werden;
- Wohnungsbaugesellschaften sollten verstärkt ihre mietpreisgünstigen Wohnungen an alleinstehende Frauen, alleinerziehende Mütter und deren Wohngemeinschaften vergeben;
- bei Besetzungsrechts-Wohnungen sollten die Wohnungsbehörden der Gemeinden alleinstehende Frauen und alleinerziehende Mütter vorgeschlagen.

Bisher wurde hier allein die quantitative Seite des Wohnungsmarktes angesprochen. Es ging um Verteilung von preisgünstigem Wohnraum und die geringen Chancen, die alleinstehende Frauen und alleinerziehende Mütter dabei haben. Aber jede Wohnung hat andere Qualitäten: Lage in der Stadt, Nachbarschaft, Lärmbelästigung, wenig Grün oder viel Grün, Wohnungszuschnitt, Lage im Gebäude etc.(3) Alles dies ist hier nicht angesprochen worden, obwohl diese Qualitäten auch die Nachfrage einer Wohnung bestimmen. Bei allen vorhergehenden Forderungen sollte so weit wie möglich auf die Wohnwünsche der wohnungssuchenden Frauen eingegangen werden, wobei sich die Behörde nicht restriktiv verhalten sollte. Hier wären entsprechende amtsinterne Richtlinien von Nutzen. Es ist eine Sache der Politik, die durchzusetzen nicht unbedingt Mehrheiten erfordert, sondern Hinweis und Konfrontation mit dem Problem. Die lokale Frauenbewegung ist dabei ebenso angesprochen wie die institutionellen Vertreter/innen alternativer Politik.

Anmerkungen

(1) Vgl. Sonja Böttger und Gisela Rust: Alleinerziehende Frauen in Hamburg, Untersuchung im Auftrag der Freien und Hansestadt Hamburg, Leitstelle Gleichstellung der Frau, Hamburg 1985 und Heide Becker: Wohnungs- und sozialpolitische Krisenbewältigung: Zurück zu den alten Leitbildern? in: Kerstin Dörhöfer/Ulla Terlinden (Hrsg.): Verbaute Räume. Auswirkungen von Architektur und Stadtplanung auf das Leben von Frauen, Köln 1985.

(2) vgl. Bundesministerium für Raumordnung, Bauwesen und Städtebau (Hrsg.): Untersuchung der Wohnverhältnisse in ausgewählten Demonstrativbauvorhaben, Bonn 1979.

(3) vgl. Kerstin Dörhöfer, Veronika Keekstein, Anne Rabenschlag, Ulla Terlinden: Frauenspezifische Belange in Architektur und Stadtplanung am Beispiel südliche Friedrichstadt Berlin. Gutachten im Auftrage der Bauausstellung Berlin GmbH, Berlin 1984.

Möglichkeiten und Grenzen kommunaler Frauenpolitik – Drei Frauen berichten

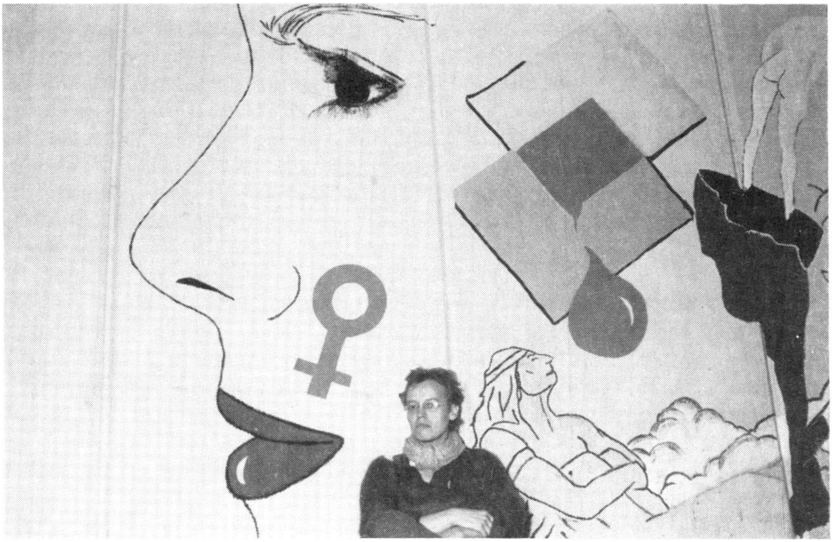

Helga Krieger

Mit Parlamentsanträgen wird das Patriarchat nicht abgeschafft

Mein politischer Ausgangspunkt ist die Frauenbewegung. Die Jahre, die ich dort aktiv war, haben weitgehend dazu gedient, mir mit anderen Frauen zusammen über das ganze Ausmaß und die Vielfältigkeit unserer Benachteiligungen klar zu werden. Lange Zeit waren wir damit beschäftigt, dies alles herauszufinden. Es stand also gar nicht an zu überlegen, was erwächst daraus konkret, welche Forderungen entstehen daraus.

Auch allgemeinpolitisch war ich schon immer interessiert in dem Sinne, daß ich mich ‚links' fühlte. 1961 trat ich in die DFU (Deutsche Friedensunion) ein. Während meiner aktiven Zeit im Frauenzentrum war ich auch Mitglied der Bunten Liste. Das lief aber parallel und ich sah eigentlich keine Verbindung. Ich hatte mich entschieden, schwerpunktmäßig Frauenpolitik zu machen und sah damals nur die Möglichkeit, dies im Frauenzentrum oder in Frauengruppen zu machen. Das allgemeinpolitische Interesse realisierte ich, indem ich zum Plenum der Bunten Liste ging. Diese getrennten Bereiche liefen lange Zeit nebeneinander her, weil ich auch – obwohl ich die Politik der Bunten Liste als sehr positiv ansah – nicht wahrnahm, daß das irgendetwas Spezielles mit Frauen zu tun hatte. Das änderte sich, als ich Mitglied bei den Grünen wurde, weil ich hier einen Ansatzpunkt sah, in einer Partei auch Frauenpolitik machen zu können, sozusagen als fester Bestandteil der allgemeinen Grünen Politik.

Als ich dann vor der Kommunalwahl 1984 vor der Entscheidung stand, für den Rat zu kandidieren, war das – abgesehen davon, daß ich mir so etwas bisher nie zugetraut hatte – eine fremde Vorstellung. Mir war nicht klar, ob frau überhaupt auf der kommunalen Ebene frauenpolitisch etwas bewegen kann. Denn in der Regel ist es so, daß bei dem Stichwort Frauenpolitik zunächst an die Bundesebene gedacht wird, denn dort wird die Gesetzgebung gemacht, die das Leben von Frauen massiv beeinflußt, z.B. die Rentenpolitik, Erziehungsgeld oder Sozialhilferegelungen etc. Trotzdem hat es mich dann gereizt. Ich fing an zu überlegen, alleine und mit anderen Frauen, was in der Kommune frauenpolitisch zu machen wäre. In der Landes-Frauen-AG der Grünen diskutierten wir zu der Zeit Quotierung und entwickelten die Idee, daß wir ja Quotierung im öffentlichen Dienst fordern können. Das ist eine Forderung, die auf allen Ebenen aktiv angegangen werden kann – eben auch in der Kommune.

Kaum waren wir dann im Rat, stellte sich für uns auch schon die Herausforderung, bei den Haushaltsverhandlungen wichtige frauenpolitische Themen zu verhandeln. Zunächst stellten wir während der Verhandlungen mit der SPD die Forderung nach Rekommunalisierung der Reinigungsdienste, als ein frauenpolitisches und gleichzeitig wirtschaftspolitisches Thema. Das zweite Thema war die Quotierung im öffentlichen Dienst der Stadt Bielefeld. Als dritter Punkt spielte die Forderung von Pro-Familia, einen eigenen medizinischen Behandlungsbereich aufzubauen, eine Rolle. Die Forderung von Pro-Familia haben wir damals nicht in die öffentlichen Haushaltsverhandlungen mit aufnehmen können. ProFa selbst wollte keine spektakuläre Öffentlichkeit und versprach sich mehr davon, ihr Anliegen durch interne Absprachen mit der SPD zu regeln. Leider haben sich unsere damaligen Bedenken gegen eine solche Verhandlungsführung bestätigt. Es hat sich gezeigt, daß ‚Hinterzimmerpolitik', gerade in diesem Fall, nichts bringt, sondern offensive Öffentlichkeitsarbeit die einzige Möglichkeit ist, eine positive Entscheidung zu erzwingen. Schließlich trat zu der Zeit der Haushaltsverhandlungen eine Initiative an uns heran, die sich für die Einrichtung eines Mädchentreffs einsetzte, und uns um Unterstützung für ihren Antrag bat.

Wir haben praktisch nicht nach frauenpolitischen Themen suchen müssen, sie boten sich in Hülle und Fülle. Wir waren zum Teil geradezu überfordert, weil wir ja auch noch neu im Rat waren. Das allein bedeutet schon eine große Herausforderung, z.B. das Kennenlernen der technischen/organisatorischen Seiten, wie die Ausschüsse laufen, die ganzen Geschäftsordnungsregeln, die Aufregung, öffentlich reden zu müssen. All dies stellte erst mal eine große Belastung dar.

Durch die Forderungen, die wir massiv stellten, haben wir die SPD unter Handlungsdruck gesetzt. Hätten wir z.B. die Quotierung nicht zum Verhandlungsgegenstand gemacht, wäre das Problem, daß Frauen im öffentlichen Dienst nur auf den unteren Ebenen vertreten sind und daß sie nur in bestimmten Bereichen in größerer Zahl auftreten, wahrscheinlich überhaupt nicht ins Gespräch gekommen. In naiver Selbstentlarvung sagte eine SPD-Frau während der Verhandlungen zu mir, diese Forderung stünde schon seit 20 Jahren in ihrem Programm. Wahrscheinlich hätte sie noch weitere 20 Jahre dringestanden, kann man/frau jetzt vermuten. Genauso ist es mit der Rekommunalisierung der Reinigungsdienste. Dieses Thema, die eigentlich ausschließliche Betroffenheit von Frauen, haben wir damit erstmals in die öffentliche Diskussion gebracht und somit auch wieder die Personalräte mobilisiert.

Es bedeutete eine Herausforderung für die Gewerkschaftskreise. Bis in den Bereich der Uni Bielefeld hinein. Die Personalräte und die ÖTV-Vertretung an der Uni sahen sich nun politisch unter Druck gesetzt, aktiver etwas für die Putzfrauen an der Uni zu unternehmen. Schließlich kam es dann im Sommer zu einem Streik der Reinigungsfrauen an der Uni. Also hat diese politische Diskussion, die wir über unseren Antrag in Gang gesetzt haben, eine mobilisierende und unterstützende Wirkung gehabt.

Bei der Frage, was wir mit unserer Politik eigentlich bewirken, reicht es nicht aus, nur danach zu sehen, was wir letztendlich zusammen mit der SPD beschlossen haben. Das wäre ein ziemlich plattes Verständnis von Erfolg. Denn wichtig sind die Auswirkungen, die Ausstrahlung durch uns auf andere Gruppen, die ähnliche Ziele haben wie wir; z.B. die Gewerkschaften oder auch die SPD selbst, die ja in ihren Programmen und ihrem Selbstverständnis nach, selber bestimmte Ziele haben, die sie nur seit vielen Jahren nicht mehr aktiv verfolgen, wie beispielsweise die Rekommunalisierung. Das heißt, dadurch, daß wir eine Forderung aufstellen, wird überhaupt erst mal mobilisiert, etwas unterstützt und wieder in Gang gesetzt. Und das ist eine Wirkung, die kann auch dann eintreten, wenn wir total in der Minderheit sind.

Z.B. kam damals der gemeinsame Haushalt mit der SPD nicht zustande. Trotzdem wurde die Rekommunalisierung der Putzdienste eingeleitet, und zwar einfach deshalb, weil der politische Druck zu groß geworden war! Ich finde, daß das ein gutes Beispiel dafür ist, wie wir politischen Erfolg haben können, ohne daß es das berühmte rot-grüne Bündnis gegeben hat.

Für sehr gefährlich halte ich es, wenn man/frau naive Vorstellungen davon hat, was mit parlamentarischen Beschlüssen überhaupt zu erreichen ist. Es ist eine Verkennung der realen Machtverhältnisse, wenn frau meint, durch Parlamentsanträge könne das Patriarchat abgeschafft werden. Wer mit dieser Einstellung in den Rat reingeht, wird sicherlich innerhalb kurzer Zeit entmotiviert und enttäuscht aufhören. Ich sehe den Sinn von grüner Arbeit in den Parlamenten vor allem darin, politische Prozesse voranzutreiben, d.h. Bewußtsein zu schaffen, zu mobilisieren, öffentliche Diskussionen in Gang zu setzen und auf diese Weise Druck zu erzeugen. Dafür ist natürlich Geduld und Hartnäckigkeit unerläßlich. Das heißt aber nun nicht, daß kompromißlerisch auf jede Sache eingegangen werden soll. Unter Umständen kann das Zustandebringen von Kompromissen einen Rückschlag bedeuten. Darum finde ich es gerade wichtig, daß wir in bestimmten Punkten auch hart unsere Position vertreten und deutlich machen, wir wollen das genau so oder gar nicht und dann lieber eben aus der Opposition heraus unsere Vorstellungen deutlich machen.

Ich bin nicht grundsätzlich gegen Kompromisse. Aber wenn wir Kompromisse schließen, ist es wichtig, daß wir dann deutlich benennen, wo der Kompromiß liegt, daß wir sagen: Unsere Forderung ist so und so, wir haben aus den und den Gründen einen Kompromiß geschlossen, aber es ist auch nicht mehr als das. Ich finde es wichtig, daß wir weder uns selbst noch die anderen Frauen betrügen über das, was da zustande gekommen ist:

So finde ich es z.B. falsch, allein die Tatsache der Einrichtung einer Frauengleichstellungsstelle schon als großen frauenpolitischen Erfolg zu feiern. Unsere Position kann da nur sein: Gleichstellungsstellen sind sehr begrenzt in ihrer Wirkungsmöglichkeit, weil sie in der Regel völlig unzureichend ausgestattet und kompetenzlos sind. Und selbst eine Gleichstellungsstelle mit den weitestgehenden Kompetenzen könnte Frauen ja nicht zu Erwerbsarbeitsplätzen verhelfen, könnte Frauen keine höhere Rente verschaffen, könnte Ausländerinnen nicht zu einem eigenständigen Aufenthaltsrecht verhelfen. Darum finde ich es richtig, wenn wir Gleichstellungsstellen unterstützen, gleichzeitig darauf hinzuweisen, wie begrenzt ihre Möglichkeiten sind.

Kompromisse müssen schon eine gewisse ‚Qualität' haben, damit sie für uns akzeptabel sind. Ich will das an einem Beispiel deutlich machen: Als wir 1985 in den Haushaltsverhandlungen die Forderung nach einem Frauennachttaxi erhoben, war es uns wichtig, in der Öffentlichkeit deutlich zu machen, daß **alle** Frauen von Gewalt betroffen sind, egal ob jung oder alt, reich oder arm. Also völlig unabhängig von ihrem Status. Daraus ergibt sich, daß wir uns nicht darauf einlassen wollten, ein Nachttaxi nur für die Frauen einzurichten, die beim Sozialamt ihre Bedürftigkeit nachweisen können. Einen Kompromiß sind wir dann insofern eingegangen, als wir uns auf eine niedrigere Geldsumme eingelassen haben, d.h. statt der generellen Einführung eines Nachttaxis zunächst nur einen Modellversuch zu machen. Kompromißlos waren wir dagegen bei der Forderung „Nachttaxi für **alle** Frauen“. Bei der Geldsumme haben wir also Zugeständnisse gemacht, bei unseren inhaltlichen Vorstellungen jedoch nicht.

Es ist mir klar, daß die parlamentarische Frauenpolitik auch ihre Grenzen hat. Trotzdem habe ich mich entschlossen, meinen Frauenstandpunkt innerhalb einer politischen Partei vertreten zu wollen. Es gibt selbstverständlich viele Möglichkeiten für Frauen, sich auf andere Weise, in ganz anderen Bereichen für Frauen und frauenpolitische Belange zu engagieren. Ich möchte aber keine Wertigkeit reinbringen, z.B. autonome Frauenaktivität höher bewerten als parlamentarische Frauenaktivität. Frauen sollten überall dort aktiv werden und auf die Weise, wie sie Lust haben und wie es ihnen liegt. Ich finde es genauso wichtig, daß Frauen in Projekten arbeiten, ob nun im Frauenhaus, Frauenbuchladen, Notruf oder einer Frauenzeitschrift, aber ich halte es eben auch für legitim und notwendig, auf der parlamentarischen Ebene einen Frauenstandpunkt zu vertreten. Frauen sollten versuchen, überall etwas zu bewirken, und es ist sinnvoll, wenn das nicht gegeneinander, sondern miteinander geschieht. Es ist ja Grüne Zielsetzung, Initiativ- und Parteiarbeit durch gegenseitige Unterstützung wirksamer werden zu lassen. Wir können ja z.B. nicht durch einen Antrag beschließen, daß es einen Mädchentreff geben soll. Aber die Frauen, die konkret an dem Projekt Mädchentreff arbeiten, können wiederum Unterstützung durch uns erfahren, indem wir argumentativ und mit Druck ihre Sache in den Ausschüssen vorantreiben. Dieses Zusammenwirken halte ich für ganz wichtig. Und es ist der Sache selbst wenig dienlich, wenn bestimmte Wertungen vorgenommen werden.

Zum Schluß will ich noch sagen, daß ich es ganz wichtig finde, daß Frauen sich auch innerhalb der Fraktion gegenseitig stützen. Es wird ja inzwischen als Strukturelement bei den Grünen überall versucht, die Listen paritätisch zu besetzen, was zur Folge hat, daß z.B. in einer Ratsfraktion nicht eine einzelne Frau zwischen lauter Männern sitzt. Für mich persönlich ist es unglaublich wichtig, daß ich mit einer Frau intensiv in dem Schwerpunkt Frauenpolitik zusammenarbeite, und daß noch andere Frauen in der Fraktion sind. Wir sind im Moment fünf Frauen und vier Männer und die respektieren eigentlich unsere Positionen. Natürlich ist es nicht so, daß die Grünen Männer völlig frei von Chauviverhalten sind. Und selbstverständlich denken sie beispielsweise nicht von sich aus an Quotierung. Aber bei uns ist es bisher weitgehend so gelaufen, daß Anstöße in dieser Richtung aufgenommen und akzeptiert worden sind.

Karin Griechen-Hepp

Keine Chance für Frauenpolitik?

Erfahrungen aus der GAL Essen

Ob meine persönlichen Erfahrungen als Ratsfrau in einer grün-alternativen Fraktion und Partei in ähnlicher Erscheinungsweise verallgemeinbar sind, können nur die Leserinnen selbst beurteilen und für sich selbst den Aufwand und den Ertrag ihres Engagements abwägen sowie entsprechende Konsequenzen daraus ziehen. Doch Feministinnen sollten allmählich auch kollektiv über eigene Formen ihrer (parlamentarischen) Interessenvertretung nachdenken, wenn dies innerhalb der Grün-Alternativen nicht mehr möglich wäre. Einen Anstoß zu solchen Überlegungen bildeten die konkreten Erfahrungen „vor Ort“, wie ich sie im folgenden schildern möchte.

Zuvor jedoch eine Auflistung der wichtigsten Ereignisse in der Essener GAL bei den Auseinandersetzungen um die Forderungen der AG Frauenpolitik:

Ende '82	Gründung der Initiative für eine Grün-Alternative Liste Anfänge der AG Frauenpolitik in Essen
März '84	GAL-Gründung Verabschiedung einzelner Programmteile, u.a. Frauenprogramm mit Quotierungsforderung und Parität
Sept. '84	Kommunalwahlen, GAL mit 6,8% im Essener Stadtrat vertreten
Ende '84	Erste Auseinandersetzungen wegen innerparteilicher Parität anläßlich der Einstellung von hauptamtlichen Mitarbeiter/inne/n (2 Männer, 1 Frau)
Mitte '85	Enthaltung des GAL-Vertreters im Schulausschuß bei der Besetzung einer Schulleitungsposition, obwohl sich eine Frau unter den Kandidaten befand
Ende September '85	Fraktionsinterner Beschluß, Umweltpolitik zu Lasten anderer Themen zum Hauptschwerpunkt zu machen
19.10.85	Mehrheitlich von Männern gefaßter Plenumsbeschluß, daß GAL-Vertreter im Personalausschuß bei „fehlender politischer Qualifikation“ einer Bewerberin dieser die Stimme verweigern können
24.10.85	Beschluß der AG Frauenpolitik der GAL, aus Protest gegen den Plenumsbeschluß aus der GAL-Partei und Fraktion – zugunsten einer autonomen Frauenpolitik auszutreten Austritt der Frauenpolitik-Frauen aus der GAL-Fraktion und Gründung der „UFA“ (Unabhängige Frauen-Alternative)
27.10.85 10.11.85 16.11.85	Organisierung von „Frauenplena“ durch die Mehrheitsfraktion zur Verurteilung des Austritts und der unabhängigen Fraktionsbildung
19.11.85	Rückgabe der Mandate der „UFA“ an die GAL nach deren Beschluß, einen autonomen Frauenpolitik-Bereich anzustreben
April '86	Gründung dieses Bereichs mit Veto- und Beschlußrechten
ab Mitte '86	Frauenplena werden nicht mehr organisiert, themenbezogene Veranstaltungen erst mit Bezug auf die Bundestagswahlen angeboten.

Vor den Kommunalwahlen: Frauenpolitik als Wahllokomotive?

Im Gegensatz zu vielen anderen grünen Kreisverbänden oder grün-alternativen Listen in NRW, die bis kurz vor der Kommunalwahl über kein eigenes Frauenpolitikprogramm verfügten, war dieser Bereich in der GAL Essen relativ stark vertreten. Die Frauen der AG Frauenpolitik hatten nämlich fast alle vorher im Essener Frauenzentrum mitgearbeitet. Sie hatten also Kenntnisse und Erfahrungen hinsichtlich der spezifischen Probleme von Frauen dieser Stadt sowie eine weitgehende Übereinstimmung mit den Forderungen der autonomen Frauenbewegung. Das aufgrund unserer Vorlage verabschiedete Frauenpolitikprogramm der GAL beinhaltete dann auch ein weitreichendes Selbstverständnis:

- die Notwendigkeit zur Verschränkung von ‚allgemeinpolitischen' und ‚frauenspezifischen' Themen,
- somit den Willen, sich nicht mit einer feministischen Spielwiese zufrieden zu geben,
- und den Kampf gegen die geschlechtsspezifischen Herrschaftsverhältnisse als wesentlichen Bestandteil der Gesamt-GAL-Arbeit.

Das Frauenpolitikprogramm umfaßte sowohl konkrete Forderungen zur Einlösung des Gleichberechtigungsanspruches für Frauen, als auch solche Forderungen, die die geschlechtsspezifische Arbeitsteilung zwischen Männern und Frauen (und den daraus resultierenden Problemen, z.B. Gewalt gegen Frauen) grundsätzlich in Frage stellten. Die männliche Dominanz – als Merkmal des Patriarchats – wurde im Rahmen der Kommunalpolitik aufgezeigt und Strategien zur Veränderung benannt. Die GAL Essen beschränkte sich nicht auf diese Programmaussagen, sondern legte auch die Geschlechterparität bei Ämtern, Mandaten und Funktionen in den eigenen Reihen satzungsmäßig fest, wie es die AG Frauenpolitik gefordert hatte.

Im Kommunalwahlkampf konnte mit den Frauenforderungen (z.B. Frauen-Gleichstellungsstelle, Quotierung für Frauen im Öffentlichen Dienst) relativ gut Politik gemacht werden: Die leicht irritierte bürgerliche Presse nahm „das neue Thema" bereitwillig auf; die GAL war an einem „eigenen politischen Profil" interessiert und mit den Frauenforderungen ließen sich einige weiße Flekken im Gesamt-Programm überdecken. Allerdings hatten wir uns als Frauen der AG Frauenpolitik diesem Themenkreis weder aus wahltaktischen Gründen zugewandt, noch um eine Programmlücke zu schließen. Gemäß der zuvor artikulierten Ansprüche wollten wir die Möglichkeit der Ratsarbeit nutzen, um die Diskriminierung von Frauen auch dort öffentlich zu machen und Gegenforderungen zu stellen, ohne dabei das Rathaus als Hauptfeld der Politik zu betrachten.

Nach den Wahlen: Frauenpolitik als Schnee von gestern?

Durch ihre parlamentarische Etablierung veränderte sich das Politikverständnis in der GAL entscheidend. Vom Anspruch, „Sprachrohr für die außerparlamentarische Bewegung am Ort“ sein zu wollen und ein „gläsernes Rathaus“, zu schaffen war es leider nur ein kurzer Weg bis zur Orientierung auf einen diffusen „Wählerwillen“, den die Fraktionsführung jeweils zur Durchsetzung ihrer Interessen gegen Minderheiten herbeizitierte. Parallel dazu wurden die inhaltlichen und zeitlichen Anforderungen für die Rats- und Fraktionsmitglieder immer größer, wobei die – häufig ausbleibende – Resonanz in der Presse wichtiger wurde als der Rückbezug auf die vielfältigen autonomen Initiativen in der Stadt. Doch wer sich vorrangig auf den „Wählerwillen“ beruft und dabei vor allem auf die SPDler/innen und ihre Wähler/innen schielt, die nur selten in solchen Initiativen anzutreffen sind, ist auf ein solches Echo der Aktivitäten scheinbar angewiesen.

Im Zuge dieser Umstrukturierung der Orientierung wurde schließlich – initiiert von den Fraktionsangestellten – eine „Effektivierung der Fraktionsarbeit durch Schwerpunktbildung“ (nämlich Umwelt und Arbeit) von der Fraktionsmehrheit beschlossen, die einen völlig gewandelten Basisbezug beinhaltete: Die Effektivierung der politischen Arbeit sollte nicht etwa über eine Reaktivierung der eigenen Mitglieder oder über eine stärkere Hinwendung zu den Initiativen und Betroffenengruppen erreicht werden, sondern über eine weitere Verselbständigung und Hierarchisierung der Fraktion, z.B. über die Bildung eines Fraktionsvorstandes, der die Diskussionen vorentscheiden sollte.

Vor diesem Hintergrund erscheint das Zurückdrängen der Frauenpolitik fast zwangsläufig: Mit der anscheinend objektiv notwendigen Umstrukturierung der Fraktionsarbeit, die immer mehr zum Zentrum der GAL-Aktivitäten geworden war, verlor das ursprüngliche GAL-Programm an Bedeutung und damit auch die Frauenpolitik, deren Vertreterinnen zwar von Anfang an in der Minderheit waren, die aber zunächst als wichtiger Bestandteil des Gesamtspektrums der GAL akzeptiert waren. Frauenpolitikthemen wurden von den anderen Fraktionsmitgliedern immer stärker belächelt und bei der Arbeit in den Ratsausschüssen ignoriert, selbst wenn wir auf die Verzahnung von allgemeinen und frauenpolitischen Belangen hinwiesen und bei der konkreten Berücksichtigung von Frauenproblemen unsere Hilfe anboten. Diese internen Schwierigkeiten wirkten sich nicht gerade ermutigend auf die Arbeit nach außen aus, die – wie auch in anderen Städten – mit erheblichen Belastungen verbunden war. Denn die persönliche Anmache in der parlamentarischen Arbeit durch SPD- und CDU-Ratsherren war durchaus an der Tagesordnung: „Sie sind ja auch bloß die Alibifrauen Ihrer Fraktion“, „Warum gucken Sie denn so böse, Sie haben wohl in Ihrer Fraktion nichts zu lachen“, „Sie müssen hier Ihre Rede frei halten, Frau oder Fräulein ... von der GAL-Fraktion“ – scheinbar harmlose Nebensächlichkeiten, die aber durch die fehlende Solidarität der eigenen Fraktion an Gewicht gewinnen, da ein Kampf in mehreren Richtung gleichzeitig geführt werden muß.

Der mehrheitlich von Männern gefaßte Plenumsbeschluß am 19.10.85 mit der darin enthaltenen Abkehr vom Quotierungsprogramm (siehe Beitrag von Alice Klinke und Karin Griechen-Hepp im Kapitel zur Quotierung) löste daher nicht nur als einzelner eventuell revidierbarer Schritt Empörung bei den Frauen der AG Frauenpolitik aus, sondern er mußte im Kontext der gesamten Vorgeschichte als ein Signal der Mehrheit gegen die angeblich so im Vordergrund stehende Thematik der Frauenbewegung verstanden werden – insbesondere weil die umstrittene „Schwerpunktbildung" zu Lasten der Frauen ebenfalls beschlossen worden war. Mehrheitlich entschieden sich die Frauen der AG daher auf ihrem nächsten Treffen zu einem spektakulären Schritt – nämlich ihre beiden Vertreterinnen aus der GAL-Fraktion austreten zu lassen und eine Fraktion der „UFA" (Unabhängige Frauen-Alternative) zu bilden mit allen Vorteilen, die der Fraktionsstatus mit sich bringt – nach der Gemeindeordnung ein durchaus mögliches Verfahren.

Die GAL ließ sich heftig provozieren: Persönliche und fachliche Denunziation sollten unsere Entscheidung als die von verwirrten Frauen hinstellen, die unfähig zu jeglicher (auch frauen-)politischer Arbeit gewesen waren. Mit Hilfe dieses psychologischen Drucks und mit eiligst organisierten Frauenplena – mit Frauen, die sich zuvor kaum für diese Thematik interessierten – wurde der Gruppenzusammenhang allerdings schnell aufgebrochen. Angst vor der eigenen Courage ließ einen Teil der AG in die Arme der GAL zurückkehren, während die anderen bis an die Grenze des Erträglichen diffamiert wurden. Die von vielen autonomen Frauen an uns herangetragene Unterstützung bestärkte uns zwar in unserer Entscheidung, doch sie reichte nicht aus, um die Auflösung der ehemaligen Frauenpolitik AG aufzuwiegen. Die Rückgabe unserer Mandate an die GAL-Fraktion erfolgte schließlich aufgrund ihres Zugeständnisses, einen autonomen Frauenpolitikbereich einzurichten, den die dort verbliebenen Frauen nun auch forderten.

Frauensolidarität?

Sicherlich sind verschiedene Gründe für diese Entwicklung maßgeblich, die anders verlaufen wäre, wenn sich nicht Frauen gegen Frauen hätten ausspielen lassen. So behindern die unterschiedlichen Motivationen von Frauen zum Engagement bei den Grün-Alternativen, z.B. von gemäßigten Frauenpolitikerinnen, von Feministinnen und von Frauen mit ihrem besonderen Interesse (beispielsweise an der Umweltpolitik) nicht nur die Solidarität untereinander, sie begünstigten auch die Definitionsmacht von Männern. Die Essener GAL-Frauen ließen sich z.B. kurze Zeit nach dem Einzug ins Rathaus in „Emanzen als Männerhasserinnen" und „emanzipierte Fachfrauen" spalten. In den Diskussionen versuchten dann einige dieser Frauen, mit Hilfe des Arguments der „eigenen Betroffenheit" unsere Forderungen nach strukturellen Veränderungen im Interesse von Frauen außer Kraft zu setzen.

Erst im Nachhinein wurden uns – aufgrund dieser Erfahrungen – auch die eigenen Versäumnisse deutlich: Dieses Bewußtsein der Frauen-Solidarität zu verbreiten – nicht nur in der eigenen, sondern auch in den anderen Arbeitsgruppen und Untergliederungen der GAL. Die programmatische Anerkennung feministischer Forderungen erschien uns als hinreichende Absicherung unserer Vorstellungen. Sie war aber für viele – auch für viele GAL-Frauen – nur ein Stück Papier, das abstrakt und nach außen hin, aber nicht im eigenen Fühlen und Denken verankert war. Selbst die unabdingbaren Festlegungen der Satzung – nämlich die innerparteiliche Parität bei Ämtern und Funktionen – wurde von den GALier/inne/n daher ohne große Schwierigkeiten außer Kraft gesetzt, um den gewünschten Umweltfachmann als einen unserer Nachfolger in die Fraktion aufnehmen zu können.

Der mit großen Mühen anläßlich unserer Protestaktion durchgesetzte autonome Frauenpolitik-Bereich – mit bisher sehr eingeschränkten Aktivitäten – hätte bereits Bestandteil der GAL sein müssen, bevor die Konfrontation in der Fraktion begann, so daß die Politik der Isolierung der dortigen Frauen von vornherein hätte abgewehrt werden können. Eine Politik, die wiederum nur aufgrund der Isolierung der gesamten GAL von ihrer ursprünglichen Basis zu erklären ist und aufgrund der damit Hand in Hand gehenden Konzentration auf die Geschehnisse in Stadtrat und Verwaltung.

Möglichkeiten parlamentarischer Arbeit

Damit soll der Nutzen parlamentarischer Arbeit zur Verfolgung politischer Ziele aber nicht generell in Abrede gestellt werden: Strukturen, die von außen aufgezwungen werden, sind auch immer veränderbar und neu definierbar. Deshalb sind parlamentarische Strukturen auch durch feministische Zielsetzungen anders zu bestimmen, aber trotzdem ausnutzbar: Um finanzielle Mittel zu beantragen, zur Informationsbeschaffung und um den Stadtrat als mehr oder weniger offene Tribüne für feministische Kritik und Forderungen zu nutzen.

Dieses setzt jedoch bestimmte Arbeitsmöglichkeiten voraus: Die Schaffung autonomer Strukturen ist die entscheidende Voraussetzung für Feministinnen **innerhalb** der Grün-Alternativen, um ihre Forderungen wirkungsvoll vertreten zu können und sich nicht als Einzelkämpferinnen aufreiben zu lassen. Dabei kommt es darauf an – das haben die Essener Erfahrungen gelehrt –, daß sich eine solche Autonomie nicht auf ein Aushängeschild für die Partei reduziert, das weder mit eigenen Kompetenzen, finanziellen Mitteln, Kontroll- und Sanktionsmöglichkeiten gegenüber der Partei ausgestattet ist. Sobald grün-alternative Frauen diese Arbeitsstrukturen gar nicht erst fordern, oder sie ihnen seitens der Partei verweigert werden, stehen die feministischen Positionen in der Gefahr, immer mehr an Bedeutung zu verlieren. In dieser Situation müßte die Möglichkeit, gegebenenfalls eine eigene parlamentarische Vertretung von Frauen anzustreben, z.B. im Rahmen einer feministischen Frauenpartei, bei der dann wirklich die Parteiinteressen auch die Fraueninteressen sind, denk- und diskutierbar werden. Ansonsten stehen Feministinnen mit leeren Händen da. Sie müßten sich immer wieder mit den Grün-Alternativen arrangieren, solange es keine Alternative zu deren Vertretung ihrer Forderungen auf parlamentarischer Ebene gibt. Daher sollten wir uns – trotz aller angebrachten Skepsis – den Weg zu einer autonomen feministischen Interessenvertretung zumindest offenhalten, für den Fall, daß es für Frauen wieder einmal heißen sollte, daß es gar keine „Wahl gibt bei den Wahlen“.

Conny Jürgens

Frauen Macht Politik

Weder feministisches Sendungsbewußtsein noch eine linke Frauenpolitik, die leider allzu häufig Frauen nur als Opfer begreift, sind Ausgangspunkt für meine Entscheidung gewesen, ins Kommunalparlament zu gehen. Vielmehr waren es die Probleme, die vor Ort drückten, die offensichtlich von Frauen stärker wahrgenommen werden als von Männern.

— Warum? — Frauen sind enger in ihrer privaten, häuslichen Umgebung verankert. Sind diejenigen, die für das Wohl, die Behaglichkeit und Ästhetik der Wohnung und des Umfeldes zuständig sind. Sie sehen täglich die Gefährdung der Kinder durch den Autoverkehr aus der Fußgängerperspektive und rasen nicht mit dem Auto zur Arbeit. Sie erleben die Umstrukturierung eines Stadtteils durch Sanierung hautnah mit, wenn zunächst die türkische Nachbarin verschwindet und dann die Gemüsefrau an der Ecke einem Antiquitätengeschäft weichen muß.

Ich höre schon den Vorwurf Biologismus — Festschreibung der Rolle der Frau als Hausfrau und Mutter!

Wie ist es aber zu erklären, daß in Mieterinitiativen, Verkehrsinitiativen die Frauen die Mehrheit bilden entgegen allen sonstigen Organisationsformen, wo sie durchweg unterrepräsentiert sind. Das Gleiche gilt für ihre Zähigkeit in Friedensinitiativen, in denen sie auch noch präsent sind, nachdem die übergreifenden, abstrakten Diskussionen um Friedensicherung u.ä. abebben und es um ein Durchhalten für die konkreten Widerstandsaktionen vor Ort geht. Oder die sogenannte Becquerel-Bewegung, die in erster Linie von Frauen, hier meist auch Müttern, getragen wird, die die Probleme nach Tschernobyl auszubaden hatten: Was kauf ich ein? Wie beschäftige ich die Kinder im Haus, kann ich sie einfach vor die Glotze setzen? Wie oft ist Duschen oder Waschen angesagt? Diese Bewegung, von den großen Strategen der Anti-AKW-Bewegung häufig nicht ernst genommen, weil sie weder die Klassenfrage noch die Kapitalfrage stellt, sondern im Bemühen um die tägliche Versorgung ihrer Kinder Trockenmilchkäufe organisiert und leider — ach, wie wird da jedem Hamburger Fundi schwer ums Herz — nicht nur auf die Kraft der Grünen setzt, sondern immer noch darauf hofft, daß sich auch in den Reihen der SPD etwas bewegt.

Dieser Druck von unten, erzeugt durch ein Gefühl der persönlichen Betroffenheit, wird von Frauen anders erlebt und konkreter in Aktionen und Handeln umgesetzt. Nicht das taktisch-strategische Ausbreiten von Gedankenwelten ist Grundlage des politischen Handelns von Frauen, sondern Konkretion. Ich höre schon die Einwände — also stimmt es, daß Frauen nicht denken können usw. und sofort. Das ist absoluter Quatsch! Aber Frauen denken eben anders, weil sie anders sozialisiert sind als Männer und deshalb auch andere Erfahrungs- und Erlebnishintergründe haben.

Grüne Versammlungen machen deutlich, daß bei derartigen Diskussionen die Frauen eindeutig ins Hintertreffen geraten, aus Desinteresse oder weil sie es nicht gelernt haben oder vielleicht auch weil sie nicht zu einer so grenzenlosen Selbstüberschätzung neigen, die davon ausgeht, daß ihr Antrag zur Bündnispolitik mit der SPD die ganze Grüne Debatte rumreißt und **den** Lösungsweg zeigt? (Von 24 Anträgen in Nürnberg bei der Bundesversammlung wurden nur zwei federführend von Frauen gestellt.) Der Diskussionsstil bei solchen Debatten ist voll auf den männlichen politischen Diskurs abgestellt, zielt vornehmlich auf Selbstdarstellung und weniger auf Sachbezogenheit sowie Zuhören und Aufeinandereingehen. Es geht hier nicht darum, bestehende Rollenzuweisungen und -vorurteile festzuschreiben. Sicherlich können und müssen Frauen auch in theoretische, taktisch-strategische Auseinandersetzungen eingreifen. Aber die Chance, die in einer konkreten, erlebten Herangehensweise an Probleme und gesellschaftliche Konflikte besteht, muß auch begriffen und benutzt werden. Die erlernte Zähigkeit der Frauen ist eine Stärke, die sich sowohl in der Friedensbewegung als auch in der Durchsetzung von verkehrsberuhigten Zonen bewiesen hat.

Die Umsetzung und Verwertung der eigenen Erfahrungen in politisches Handeln schafft die Möglichkeit, auch die Betroffenheit anderer zu erfahren.

Ein Beispiel: Die Neubausiedlung Kirchdorf in Hamburg, eines dieser lebensfeindlichen Wohnsilos, sollte durch bauliche und soziale Maßnahmen wohnlicher gemacht werden. Ein Kollektiv von Frauen, Architektinnen, Stadt- und Landschaftsplanerinnen, „Frauen planen um e.V.", erstellte über Monate hinweg in mühevollen Gesprächen mit den Bewohnern (in erster Linie Frauen, weil sie den ganzen Tag über in den Häusern zu erreichen waren) eine Mängelliste, die die konkreten Bedürfnisse der Menschen aufzählte. Z.B. hatte kein Planer daran gedacht, daß der Fahrstuhl, wie auch einige Hausflurecken, für eine Person mit Kinderwagen und Pamperskartons nicht mehr benutzbar bzw. passierbar ist; daß die Kippfenster für Kinder höchst gefährlich sind; daß ein Wochenmarkt auf dem zubetonierten Parkplatz lange Wege mit den ohnehin zu selten fahrenden Bussen erspart und somit eine Verbesserung der Lebensqualität darstellt. Die Spielplätze wurden zusammen mit Eltern und Kindern neu geplant, Gefahrenquellen behoben und die Sitzbänke für die Eltern so aufgestellt, daß sie einerseits viel Sonne bekommen sowie Kommunikationsmöglichkeiten bieten. Verglasung und Laubengänge an die Stelle der offenen Treppenhäuser soll mehr Grün in diese öde Betonburg bringen und in den Wohnungen die Zugluft durch die Eingangstüren und Fenster verringern.

Die Vorschläge der männlichen Teams gingen eher in Richtung Globallösungen, wie Umgestaltung der Parkplatzflächen und Abtragen der obersten Stockwerke. Die Vorschläge der Männer sind sicherlich gut gemeint und greifen die Probleme der Siedlung auf, entwickeln richtige Alternativen. Der Unterschied besteht aber darin, daß einerseits, ausgehend von der ‚objektiven' Lage der Betroffenen, Überlegungen von Stadtplanern angestellt werden, wie die Situation für die Leute verbessert werden kann – Mann greift also auf grundsätzliche Überlegungen zu diesem Thema zurück – während andererseits das Frauenkollektiv gemeinsam mit den Mieterinnen und Mietern die konkreten Lösungsmöglichkeiten erarbeitet hat, also den gesammelten Fachverstand nicht oktroyiert, sondern zur Verfügung stellt.

Höhere Kommunikationsfähigkeit, Sicheinstellen auf andere, Zuhören sind Eigenschaften, die uns Frauen nach der Wiege mit auf den Weg gegeben werden. Es sind Kategorien, die wir nicht länger nur als Schwäche verstehen sollten, sondern als unsere Stärke, beinhalten sie doch die Möglichkeit, eine Veränderung der politischen Kultur herbeizuführen. Eine politische Kultur, die bisher auch in unseren eigenen Reihen eher auf Hierarchisierungen und Durchpowern angelegt ist. Dabei wird es uns aber ohne ein gewisses Maß an Aggressivität und reichlich Power nicht gelingen, diese Veränderungen durchzusetzen.

Mein Einzelkämpfertum im Kommunalparlament, der Bezirksversammlung Hamburg-Mitte, enstanden aus der langen Arbeit in Mieter- und Verkehrsinitiativen, hat einerseits abgehärtet, aber auch Durchsetzungsmöglichkeiten eröffnet. Leider stieß diese Arbeit auf wenig Interesse innerhalb der Grünen selbst wie auch der Öffentlichkeit. Lediglich die Initiativen waren erfreut über die Zusammenarbeit und zeigten Interesse. Auch Teile der Verwaltung, die unter der festbetonierten Arroganz der Sozialdemokraten in diesem Bezirk litten, lieferten Ermunterung. Die grenzenlose Frauen- und Intellektuellenfeindlichkeit der SPD-Bezirksfraktion führte zu Solidarisierungseffekten entlang kaum nachvollziehbarer politischer Linien.

Hier wird deutlich, daß nicht nur das **Was** in der Politik entscheidend ist, sondern auch das **Wie**. Diese Erkenntnis pflanzte sich auch in unseren eigenen Reihen fort, wo wir feststellen mußten, daß zum Teil richtige Inhalte mit Formen und Methoden umgesetzt wurden, die wir von anderen Parteien kannten.

Die Idee der „frechen Frauen" mit einem Kollektiv von Frauen ins Parlament zu gehen, um das Wie zu verändern, kann eigentlich nur die logische Konsequenz sein. Die Inhalte der Grünen/GAL stehen dabei nicht zur Disposition, denn daß sie für uns richtig sind ist eindeutig, sonst wären wir wohl kaum schon allesamt lange in dieser Partei, die uns zu einem guten Stück zu Feministinnen werden ließ.

Neue Arbeits-, Umgangs- und Vermittlungsformen zu entwickeln, scheint dringend notwendig und dies an einem Ort, wo es jede merkt, im Landesparlament, wo Grüne Politik im Blick der Öffentlichkeit steht. Hier findet Kommunalpolitik eine reale Umsetzungschance im Gegensatz zu Bezirksparlamenten in Hamburg, die faktisch bedeutungslos sind in diesem absolut zentralistisch organisierten Stadtstaat.

Es scheint uns unerläßlich, gerade an dieser Stelle eine gesetzliche Grundlage dafür zu befördern, daß die Bezirksversammlungen gestärkt werden, mehr Kompetenzen erhalten, um eine dezentrale Struktur zu fördern, die es gerade Frauen ermöglicht, sich einzuschalten, einzugreifen in die Politik. D.h. die „Bezirksverwaltungsreform" sehen wir z.T. auch als frauenpolitische Aufgabe in oben bezeichnetem Sinne.

Einfluß nehmen an exponierter Stelle ist ein Signal sowohl für eine breite Öffentlichkeit wie auch für die Partei selbst, um Strukturen zu verändern, die Frauen ausgrenzen. Es geht also darum, den Umgang mit der Macht zu lernen und nicht weiter unbeschreiblich weiblich in den entlegenen Winkeln rumzuwerkeln, wo es keine/r merkt, sondern die breite Bühne des Parlamentes zu nutzen, kollektive Handlungsalternativen und eine andere politische Kultur zu entwickeln.

Mein Anliegen ist auch, die kollektive Arbeit in den Vordergrund zu rücken und gemeinsam mit Frauen Strategien und Umsetzungsmöglichkeiten für grün-alternative Inhalte zu entwickeln, gemeinsam das Gespräch und die Auseinandersetzung nach außen wie nach innen zu suchen. Neue Formen müssen entstehen, die Politik nicht nur als Geschäft, als notwendige Aufgabe begreifen, sondern auch Lust und Spaß dabei zulassen, so daß Ressourcen offen bleiben für mehr Phantasie zur Erweiterung unserer Handlungsspielräume.

Die Frauenfraktion eröffnet die Möglichkeit unsere politischen Ziele und Inhalte, zum größten Teil von Männern erdacht, erdiskutiert und aufgeschrieben, um einen spezifischen Frauenblickwinkel zu erweitern, und zwar in **allen** Politikbereichen. Politik, die Frauen machen, soll nicht länger reduziert werden auf die Diskussion um den § 218, Familienpolitik, Gewalt gegen Frauen etc., zweifellos wichtige Themen, die uns alle angehen und an denen wir arbeiten müssen, um das Selbstbestimmungsrecht der Frau zu erstreiten. Ich gehe davon aus, daß auf allen Politikfeldern Frauen aus ihrer speziellen Geschichte und Sozialisation heraus andere Erfahrungen und Erkenntnisse mit in die Diskussion werfen können als Männer.

So scheint es mir z.B. unvorstellbar, daß Frauen eine so menschenfeindliche Verkehrsplanung ersinnen könnten, die dem motorisierten Individualverkehr sämtliche Wege eröffnet, schnell und ununterbrochen die Stadt zu segmentieren, während die Menschen unter die Erde verfrachtet werden in unübersichtlichen, menschenleeren Tunnels, in Form von Fußgängerunterführungen und U-Bahnhöfen. Öffentliche Verkehrsmittel müssen auch öffentlich sein, um so auch einen Schutz für Frauen zu bieten. Deshalb sind oberirdische Straßenbahn- und Buslinien sicherlich vorzuziehen, zumal sie auch flexibler sind und näher an den Wohnort gebracht werden können. Außerdem, welche Frau mit Kinderwagen, welcher ältere, gebrechliche Mensch oder Behinderte könnte problemlos die vielen Treppen überwinden? In Hamburg sind beim Neu- und Umbau von U-Bahnhöfen Fahrstühle (wahrlich auch kein Ort der Sicherheit) von Plane**rn** schlicht vergessen worden.

Mit der Frauenfraktion in der Hamburger Bürgerschaft ist die Hoffnung verknüpft, daß die Alltagserfahrungen von Frauen in ihren Lebensbereichen, in den außerparlamentarischen Bewegungen zusammenkommen mit den Erkenntnissen aus der kommunalpolitischen Arbeit in Stadtteilgruppen und

Kommunalparlamenten. Zusammen mit den Frauen aus der Frauenbewegung, dem „traditionellen Frauenbereich“ und der feministischen wie auch fachspezifischen Kompetenz von Frauen sollten neue Wege für eine umfassende und lustvolle, aber auch spannungsreiche und konfliktträchtige Politik von Frauen beschritten werden.

Die Autorinnen

Marita Blauth, geb. 1957, Diplom-Sozialpädagogin, z.Z. ABM-Stelle in einer (autonomen) Frauenberatungsstelle in Bonn, außerdem journalistisch tätig in den Bereichen Arbeit/Soziales/Frauen.

Regula Bott, geb. 1945, Diplom Psychologin, z.Z. wissenschaftliche Angestellte (Bereich Adoption), Schwerpunkte: Frauen- Gesundheits- und Ausländer/innenpolitik.

Karin Griechen-Hepp, geb. 1952, Diplom-Pädagogin, (Arbeitsschwerpunkte: Erwachsenenbildung mit Frauen, Frauenforschung an den Hochschulen), Ratsfrau für die GAL-Essen bis Ende 1985, z.Z. ABM im Bereich Gesundheitsbildung.

Gundi Haep, geb. 1960, mathematisch-technische Assistentin, z.Z. Mathematik-Studentin, Schwerpunkte: Frauen- Personal- und Gesundheitspolitik.

Inga Jesinghaus, geb.1958, Diplom-Soziologin, seit Nov. 1985 Redakteurin der Zeitschrift für Alternative Kommunalpolitik (AKP) in Bielefeld, Schwerpunkte: Gesundheits- und Frauenpolitik.

Conny Jürgens, geb. 1955, Lehramt Deutsch und Politik, z.Z. erwerbslos und Bürgerschaftsabgeordnete der Grünen-GAL Hamburg, Schwerpunkte: Stadtplanung, Wohnen, Verkehr und Umwelt.

Alice Klinke, geb.1954, Lehramt Gestaltungstechnik und Geschichte, z.Z. Referendarin, vierjährige Mitarbeit im autonomen Frauenzentrum in Essen, bis Ende 1985 aktives Mitglied der AG Frauenpolitik in der GAL Essen.

Helga Krieger, geb. 1937, Erzieherin, z.Z. als solche an der Laborschule Bielefeld tätig, außerdem Ratsfrau, Mitglied im Jugendwohlfahrtsausschuß, Mitglied in der Bundesarbeitsgemeinschaft (BAG) Frauen der Grünen (Mitarbeit am Antidiskriminierungsgesetz), Schwerpunkte: Frauenpolitik themenübergreifend.

Doris Kuhlmann, geb. 1948, Mode-Designerin/Schneidermeisterin/Lehramt Deutsch und Sozialwissenschaften, z.Z. selbständig, Schwerpunkte: Gewalt gegen Frauen, seit zwei Jahren Nachttaxi, Nachtaxi...

Gisela Lommer, geb. 1954, Rechtspflegerin, seit mehreren Jahren aktiv in der grünen Frauengruppe Bielefeld und Landesarbeitsgemeinschaft Frauen NRW, seit einem Jahr im Landesvorstand der Grünen NRW mit Arbeitsschwerpunkt Frauenpolitik.

Bettina Markmeyer, geb.1960, Studium der Literaturwissenschaften und Soziologie, z.Z. Redakteurin beim ‚Bielefelder Stadtblatt', Ratsfrau in Spenge (Kreis Herford), Schwerpunkte: Frauenpolitik und Landwirtschaft.

Susanne Maurer, geb. 1958, Diplom-Sozialpädagogin, z.Z. Erzieherin in Tübingen, seit Jahren in der autonomen Frauenbewegung tätig, Schwerpunkte: Gewalt gegen Frauen, Frauentaxi, Pornographie, Frauengeschichtsforschung, Antimilitarismus.

Petra Rau, geb. 1956, Studium der Landschaftsplanung mit Schwerpunkt Freiraumplanung in Kassel, 1983 dort wissenschaftliche Mitarbeiterin, 1984 ABM-Stelle Regionalplanung Wetzlar, seit 1984 Mitaufbau der interdisziplinären „Planungsgruppe Nord“, Schwerpunkt: Stadtplanung unter feministischen Aspekten.

Carola Schewe, geb. 1955, Lehramt Sport, langjährige Mitarbeit bei der Aachener Stadtzeitung ‚Klenkes‘, z.Z. Mutter und freie Journalistin, Schwerpunkt: Frauenpolitik.

Barbara Schneider, geb. 1951, Arzthelferin/Sozialarbeiterin/1. Staatsexamen Lehramt Sonderschule, z.Z. Fraktionsassistentin der Grünen Mainz, Schwerpunkte: zu viele!

Marita Spitthöver, geb. 1949, Studium der Landespflege, Dissertation über Freiraumansprüche und Freiraumbedarf, seit 1982 Hochschulassistentin im Studiengang Raumplanung (Fach Freiraumplanung) in Oldenburg, Thema ihres Beitrages in diesem Buch ist gleichzeitig Gegenstand ihrer Habilitation, Mitarbeit in der grünen Frauengruppe Oldenburg.

Elke Steg, geb. 1959, Diplom-Soziologin, seit Anfang 1985 Redakteurin der AKP, Arbeitsschwerpunkte: Gewalt gegen Frauen, seit zwei Jahren Mitarbeit in der Bielefelder Nachtaxi-Initiative.

Ulla Terlinden, geb. 1945, Ausbildung: Fotografie, Graphik-Design, Soziologie, z.Z. freiberufliche Forschungsarbeit, Schwerpunkte: Stadtplanung und Frauenpolitik.

AJZ Verlag

Heeper Str. 132
4800 Bielefeld 1

Bielefeld 1986, ISBN 3-921680-53-0
255 Seiten, kart., 28,- DM

In diesem Buch sind Aufsätze über Frauenleben im Bielefeld des 19. und 20. Jahrhunderts zusammengetragen. Es handelt sich um Darstellungen zum Mädchenschulwesen, zur industriellen Frauenarbeit, zur Geschichte jüdischer Frauen in Bielefeld und zur Situation von Frauen in der Weimarer Republik. Einzelne Frauen werden in lebensgeschichtlichen Skizzen vorgestellt.

Bielefeld 1986, ISBN 3-921680-56-5
765 Seiten, kart., 50,- DM

Der thematische Schwerpunkt der erfaßten Arbeiten heißt "Frauenarbeit in Produktion und Reproduktion". Gemäß dem interdisziplinären Anspruch der Frauenforschung sind nicht nur sozialwissenschaftliche oder volkswirtschaftliche Arbeiten aufgenommen worden, sondern ansatzweise wurden alle Themenbereiche des weiblichen Lebenszusammenhangs einbezogen.
Insgesamt umfaßt die Bibliographie knapp 3000 Titel in englischer und deutscher Sprache.
Die Bibliographie ist doppelt sortiert. Sie umfaßt ein Autor/en/innen-, ein Titel-, ein Schlagwort- und ein thematisches Kategorienverzeichnis.